KB236524

어느 천문학자의 신앙과 신학적 사유

어느 천문학자의 신앙과 신학적 사유

한국성서학연구소는 종교개혁의 신학 전통을 이어받아 다양한 성서해석 때문에 갈등을 겪는 한국교회를 하나님의 말씀 위에 바로 세우기 위하여 일하고 있습니다. 한국교회가 안고 있는 현실 문제에 대한 성서적이고 올바른 신학적 해석을 제시함으로써 이 땅의 문화가 그리스도의 이름 아래 세워질 때까지 이 일을 계속해 나가겠습니다.

**어느 천문학자의 신앙과 신학적 사유**

초판 1쇄 발행 2026년 3월 16일
지은이 최승언
펴낸이 홍인종

펴낸곳 도서출판 한국성서학
등록 제2022-000036호 (1991. 12. 21.)
주소 서울 광진구 광장로5길 25 (광장동) , 2층
전화 02-6398-3927
이메일 bibleforum@bibleforum.org
홈페이지 http://www.bibleforum.org
총판 비전북(전화 031-907-3927 / 팩스 031-905-3927)
인쇄 · 제본 성광인쇄

값 15,000원

ISBN 979-11-91619-33-1  (03230)

# 어느 천문학자의
# 신앙과 신학적 사유

최승언 지음

한국성서학연구소

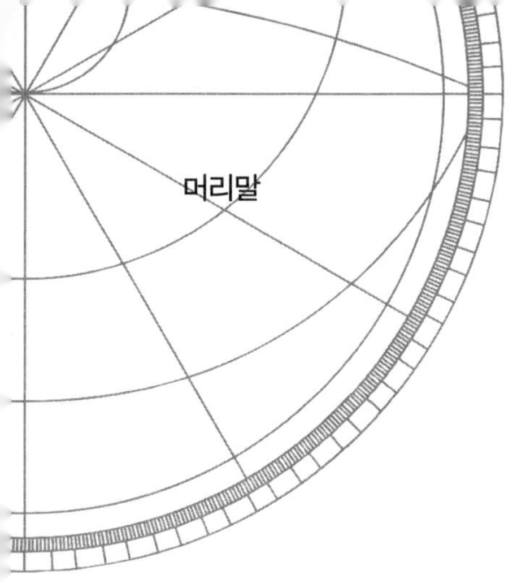



필자는 2025년 4월을 기준으로 지난 10년 이상을 '과학과 신학' 관련 모임인 '이수포럼'을 여러 회원들과 함께 이끌어 왔다. 이 모임은 이수역(총신대역) 내 모임 장소에서 시작하여, 사당역 근처로 옮겼고, 나중에는 박봉수 목사님의 배려로 상도중앙교회에서 모여 모임을 유지하다가 코로나 팬데믹으로 인해 서서히 모임이 어려워지고, 경제적 사정으로 인해 중단하게 되었다.

그러나 하나님의 은혜로 2020년에 필자가 초대 이사장을 맡아 설립된, 현재는 신일교회 배요한 목사님이 이사장으로 있는, '동서지행포럼'의 '신학과 과학의 콘서트 팀'으로 그 명맥을 유지하면서 2024년 6월 임창세 목사님과 함께 '과학과 신학 연구회'를 만들어, '동서지행포럼' 안에서는 '신학과 과학의 콘서트 팀'의 팀장으로, 바깥에서는 '과학과 신학 연구회'의 회장으로 섬기면서 과학과 신학 연구 및 교육을 수행하고 있다.

　'과학과 신학 연구회'의 초기 회원은 필자를 비롯해서 임창세 목사(용산제일교회, 과학과 신학 전공), 서원모 교수(장신대, 역사 신학 전공), 이문원 명예교수(강원대, 지질학 전공), 조희형 명예교수(강원대, 생물교육 전공), 윤세진 박사(숙명여대, 생물교육 전공), 이강원 박사(숭실대, 조직신학 전공), 이종선 박사(유학 전공), 윤성련 박사, 김진경 박사(신약학 전공), 김판임 박사(신약학 전공), 정재현 목사, 김상희 박사 등이다. 이분들과 함께 2024년 초부터 거의 한 달에 한 번 정도 용산제일교회에서 만나 과학과 신학 관련 연구와 교육을 위한 준비를 해 오다 2024년 10월 19일에는 분당의 한신교회(기장)에서, 12월 14일에는 상도중앙교회(예장통합)에서 '과학과 신학' 관련 강연을 여러 강연자를 세워 할 수 있었다. 하나님의 은혜로 강연은 강연자의 능력과 준비에 따라 성공적이기도 하고 부족하기도 하였지만 쏟아져 나오는 청중의 질문에 응답하면서 하나님의 은혜를 느낄 수 있었다.

　필자를 비롯한 회원들은 그들을 위한 강연과 함께 질의 응답의 중요성을 느끼게 되었기에 그들의 질문에 대한 응답으로, 그리고 강연의 내용을 담은 정리된 글이 필요함을 알게 되었다. 그러던 중에 2025년 2월 21일 필자는 대동맥감염으로 인해 27일간 입원하고, 8주 동안 매일 항생제 주사를 맞아야 했다. 이 글은 필자가 입원 중, 건국대학교병원 병실에서 하나님의 은혜로 작성된 것이다. 이 글을 마무리하는 2025년 5월 2일에도 담당 의사의 다 나았다는 말 한마디를 듣고 싶어 한다. 그리고 이 글을 통해 교회의 모든 성도가 과학과 성경을 바르게 이해하고, 창조 신학을 가진 건강한 성도로 풍요한 삶을 누리는, 그래서 모든 일에 하나님과 함께하기를 바라면서 이 순간 "하나님 저를 포함한 우리나라를 살려 주세요!"라고 하나님께 간절히 기도한다. 아멘!

2025년 5월 2일 '時憲齊'에서

최승언

# 차례

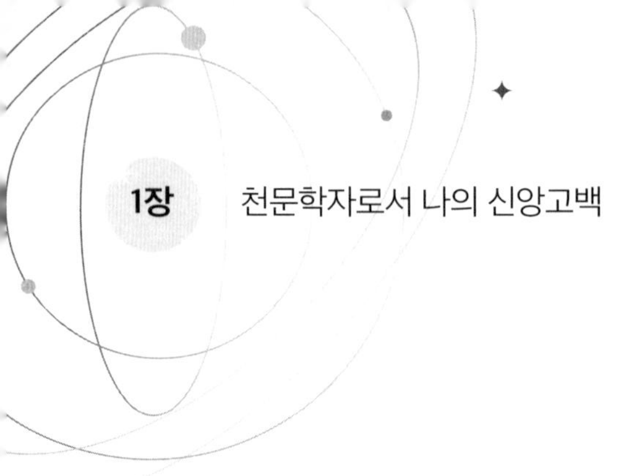



## 1. 들어가기

　　이 글은 목회자를 위해 자연과학을 소개하는 데 목적이 있지만, 일반 성도들에게도 유익할 것으로 생각한다. 필자는 자연과학의 한 분야인 천문학을 공부한 사람이자, 삼위일체 하나님을 구주로 믿는 신앙인이다. 나의 이성과 감성, 그리고 영성을 바탕으로 성서 해석과 하나님께서 창조하신 자연 세계를 통해 경험하고 기도하며 체득한 신앙을 이 글에서 고백하고자 한다. 이를 통해 자연과학이 성서를 이해하고 하나님을 아는 데 얼마나 깊은 통찰을 제공하는지 함께 나누고자 한다.

　　필자가 연구한 분야는 자연과학 중에서도 천체물리학이며, 이 학문을 뒷받침하는 물리학과 수학을 전공했다. 천체물리학으로 박사 학위를 마친 것은 1984년 6월 9일로, 공교롭게도 그날은 우리 부부의 결혼기념일 5주년이 되는 날이었다. 지금 이 글을 쓰는 시점은 2025년(을사년) 2월이니, 벌써 40년이 지난 일이다.

내가 천문학에 입문한 것은 1972년이었다. 당시의 천문학은 구면천문학, 천체역학, 그리고 기초천체물리학 정도에 머물러 있었고, 우리나라의 천문학 수준은 세계적인 기준과 비교하면 아직 초기 단계였다. 그러나 미국에서 유학을 마치고 귀국하신 선배들과 교수님들 덕분에 현대 천문학의 새로운 면모를 조금이나마 엿볼 수 있었다. 당시 천문학 연구는 주로 미국, 유럽, 일본 등이 주도하고 있었으며, 국내에서 천문학을 전공한 학생들은 자연스럽게 이러한 선진국으로 유학을 떠나 더 깊은 학문을 배우곤 했다.

그 당시에 내가 접한 망원경은 소백산 천문대의 61cm 반사망원경과 서울대학교의 40.64cm 반사망원경이 전부였다. 이러한 망원경조차도 자유롭게 사용하며 관측천문학을 공부할 기회가 적었다. 당시 서울대학교에는 관측천문학 전공 교수가 없었기에, 유학 기간 중 배운 천문학의 많은 내용은 그때까지 거의 접해보지 못한 새로운 세계였다. 유학 시절의 공부는 마치 전혀 다른 학문을 새롭게 배우는 듯했다. 그 과정에서 나는 천체물리학이 보여주는 우주(universe)의 신비로움, 곧 인간의 이성으로는 다 헤아릴 수 없는 신묘막측(神妙莫測)함을 깊이 깨닫게 되었다. 지금, 2025년의 시점에서 돌아보면, 우리나라 천문학은 놀라운 발전을 이루었다. 이제는 거의 모든 전자기파의 파장대에서 관측이 가능한 세계의 대형 망원경들을 한국의 천문학자들(석·박사과정 생을 포함하여)이 자유롭게 활용할 수 있는 시대가 되었다. 천문학 연구자 수도 비약적으로 늘었고, 우리나라의 천문학 수준 역시 크게 향상되어 세계 유수의 학자들과 어깨를 나란히 하며 협력 연구를 이어 가고 있다.

1979년 12월 31일, 나는 한 전도사 부부를 통해 아주 우연히 하나님의 음성을 들었다. 그리고 이튿날인 1980년 1월 1일부터 교회에 출석하기 시작했다. 그렇게 나는 기독교인이 되었다. 박사 학위를 마치고 박사 후 과정을 밟던 중, 1985년 3월 서울대학교 사범대학 지구과학교육과에 조교수로 부임하게 되었다.

유학 시절 나는 교회를 통해 '창조과학'(Creation Science)을 접했다. 그러나 그 내용은 나를 몹시 괴롭게 했다. 나는 천체물리학을 공부하면서 빅뱅 우주론(Big Bang Cosmology), 곧 우리가 속한 은하계(Milky Way)와 그 너머의 우주가 처음 탄생한 순간부터 현재에 이르기까지 어떻게 변화해 왔는지[1]를 설명하는 이론적 체계[2]를 깊이 연구했기 때문이다. 하지만 교회에서 접한 '창조과학'은 달랐다. 그들은 빅뱅 우주론을 과학적 가설에 불과한 틀린 이론으로 단정했다. 반면 '창조과학'이 내세우는 주장은 과학적 근거와 검증이 결여된 것이 많았다. 그래서 유학 중에는 '창조과학'에 큰 관심을 두지 않았다.

---

1    천체물리학에서는 이를 우주의 진화(evolution of universe)라고 부른다.
2    현재는 '표준 빅뱅 우주론'(standard Big-Bang theory)이라 부른다.

　문제는 귀국 후 서울대학교에 재직하면서부터였다. 건강한 신앙생활을 하고자 한 동료 교수님을 따라 A교회에 출석했는데, 알고 보니 그 교회가 바로 '창조과학'의 중심지였다. 그 교회에는 '창조과학'을 신앙의 일부로 받아들이고 이를 전파하는 교수 모임이 있었다. 그들은 내가 천문학을 전공했다는 소식을 듣고 그 모임에 초대했다. 아마 내가 천문학자이기에 '창조과학'에 힘을 보탤 수 있으리라 기대했던 것 같다.

　모임의 구성원은 대부분 공학자나 농학자들이었고, 나처럼 순수 자연과학을 연구한 사람은 없었다. 그들은 각자의 전문 분야에서 훌륭한 업적을 세운 분들이었다. 대화가 이어지던 중 한 교수가 내게 물었다. "빅뱅 우주론을 믿습니까?" 분위기가 어색했지만 나는 이내 답했다. "제가 공부한 바에 따르면, 그렇습니다." 그 말을 하자마자 모임의 분위기는 금세 싸늘해졌다. 나는 천체물리학 이론과 천문학 관측을 통해 빅뱅 우주론이 얼마나 설득력 있게 우주의 진화를 설명하는지를 말했다. 그러나 내 말이 끝나자, 질문한 교수가 얼굴을 붉히며 말했다. "그렇다면 천문학 공부를 잘못하신 것 같습니다." 그 말은 내게 큰 충격이었다. 이후 그 모임에서 누구와도 더 이야기를 나누고 싶은 마음이 사라졌다. 그 일을 계기로 그 교회에 대한 마음의 문도 완전히 닫혔다. 더 이상 그곳에서 예배를 드릴 수 없겠다는 생각이 들었다. 그 후에도 '창조과학'을 신봉하는 여러 과학 교육자, 물리학자, 공학자, 의사, 변호사들과 대화를 나누었지만, 그들 중 누구도 '표준 빅뱅 우주론'을 하나님께서 우주를 창조하신 방식으로 받아들이려 하지 않았다. 그로부터 시간이 흘러, 학교 생활에 지치고 심신이 쇠약해졌을 무렵, 나는 우연히 동네 친구를 따라 다시 A교회의 새벽기도회에 나가게 되었다. 그때 문득 이런 생각이 들었다. '내가 왜, 거부했던 바로 그 교회에 다시 오게 되었을까?' 그곳은 여전히 '창조과학'의 열기가 뜨거운 교회였다.

## 2. 나의 사명에 대한 확신

필자가 지난 40여 년 동안 교회 안팎에서 하나님을 이해하는 데 있어 자연과학이 얼마나 중요한지를 강연하지 않은 것은 아니었다. 여러 자리에서 이러한 견해를 조금씩 나누었으나, '창조과학'이 교회 안에 세운 벽은 생각보다 훨씬 두터웠다. '창조과학'은 우리나라의 대형 교회들의 후원을 받으며 성장했고, 지금은 사라졌지만 2008년 카이스트(KAIST)에 세워진 '창조과학관'과 한동대학교 등 여러 대학의 지원을 통해 교회 속 깊이 뿌리내렸다.

그로부터 40여 년이 지난 지금도 여전히 많은 목회자들이 '창조과학'을 과학적 연구 성과로 검증된 자연과학 이론 체계로 오해하고, 하나님의 창조를 설명하는 과학으로 받아들인다. 그러나 '창조과학'은 과학이 일반적으로 거치는 연구 과정을 거치지 않았다. 과학계에서는 연구 논문이 발표되면 혹독한 검증과 비평을 거쳐야만 학문적으로 인정받을 수 있다. 반면 '창조과학'은 이러한 과정을 회피하고, 교회라는 울타리 안에서만, 그것도 '창조과학자'라 불리는 특정 집단 안에서만 논의된다. 그 결과, '창조과학'은 교회라는 생태계 안에서는 살아 있지만, 교회 밖 과학계와는 철저히 단절되어 있다.

이들은 대신 일반 과학계(과학자)가 아닌 교육계(과학 교육자)로 침투하여 영향력을 행사하려 했다. 과학교육과정이 개정될 때마다 공청회에 참석해, 지구과학에서 빅뱅 우주론과 함께 '6일 창조'를 가르쳐야 한다거나, 지질학의 동일과정설 대신 '노아의 홍수 이론'을 포함해야 한다고 주장했다. 또한 생명과학에서 진화이론을 가르친다면, '창조과학'이 주장하는 6일 동안의 생물 급창조도 함께 가르쳐야 한다고 요구했다. 그러나 과학 교육자들이 이들의 주장을 반박하기 위해서는 과학자나 신학자의 도움이 필요했기에, 결국 공청회는 생산적인 논의보다는 대립과 혼란의 장으로 변질되곤 했다.

과학자들 중 다수는 불가지론자이거나 종교 문제에 무관심했기에, '창조과학'의 주장에 적극적으로 대응하지 않았다. 그 결과, 교회 안에서 '창조과학'을 비판하는 목소리는 점점 작아졌다. 교회학교 학생들은 학교에서 배우는 자연과학의 내용과 교회에서 듣는 '창조과학'의 주장이 충돌하면서 혼란을 겪기도 했다. 어떤 이들은 두 세계를 오가며 이중적인 사고 속에 살았고, 어떤 이들은 결국 신앙의 공동체 자체를 신뢰하지 못해 교회를 떠나기도 했다. 그럼에도 교회는 이러한 현실에 대해 별다른 대책을 세우지 않았다. 그저 문제를 외면하거나 덮는 것이 최선이라 여기는 듯했다.

필자 역시 다시 예배에 참여하며 안수집사의 직분을 맡았던 A교회에서 '창조과학'을 비판했다는 이유로 무신론자 취급을 받는 등 많은 어려움을 겪었다. 그럼에도 불구하고 오늘날 다시 교회 안에서 자연과학의 중요성을 말하고자 하는 이유는 분명하다. 40년 전에는 이것이 나의 사명이라고 생각하지 않았으나, 일흔을 넘긴 지금에서야 비로소 그 사역이 하나님께서 내게 맡기신 소명임을 깨닫고 확신하게 되었기 때문이다.

지난 40년 동안 하나님께 끊임없이 던진 질문이 있다. 수많은 학문 중에서 왜 하필 천문학을 공부하게 하셨는가 하는 물음이다. 나는 수학과 자연과학 공부를 비교적 잘했기에, 마음만 먹으면 그 당시 인기가 높던 공학이나 의학 분야로 나아갈 수도 있었다. 그럼에도 불구하고 나는 사람들의 관심이 적던 천문학을 선택하게 되었다. 우연히 2지망으로 선택한 천문기상학과에 입학했지만, 천문학 공부는 뜻밖에도 매우 흥미로웠다.

내가 하나님을 믿게 된 계기도 천문학과 관련되어 있었다. 천문학 박사 학위를 위한 예비 필기시험(preliminary written exam)에 합격하게 해 달라고 간절히 기도했던 것이 나의 첫 번째 신앙 체험이었다. 바로 그 경험이 하나님께서 나를 천문학의 길로 인도하신 이유를 묻는 첫 번째 질문의 출발점이 되었다. 그러나 이 물음에 대한 하나님의 응답은 또 다른 질문으로 이어졌다.

두 번째 질문은 이것이었다. 왜 천문학과 교수가 아니라 서울대학교 사범대학 지구과학교육과 교수로 재직하게 하셨는가? 내가 유학한 미국 미네소타대학교의 천문학과는 특별히 천문학으로 유명한 곳은 아니었다. 미국 내에서 평범한 수준의 학과에 불과했지만, 하나님은 그곳을 통해 나를 서울대학교 사범대학 지구과학교육과로 인도하셨다. 지구과학교육과는 지구과학 그 자체보다는 '교육'을 연구하는 학과로, 중·고등학교의 지구과학 교육 내용을 다룬다. 그 안에는 천문학뿐만 아니라 기상학과 해양학, 지질학이 포함된다. 따라서 이곳에서는 천문학의 연구 자체보다 천문학을 어떻게 가르칠 것인가에 초점이 맞춰져 있었다. 사범대학의 특성상 본격적인 천문학 연구를 수행하기는 쉽지 않았지만, 대신 천문학 교육의 의미와 방법을 탐구할 수 있었다.

물론 그 당시 천문학 연구를 이어가기 위해 한국천문연구원으로 옮길 수도 있었고, 지방 대학의 천문학과로 갈 수도 있었다. 그러나 하나님은 나를 서울대학교 사범대학 지구과학교육과에 머물게 하셨고, 그곳에서 무려 35년 동안 재직하게 하셨다. 혼자서 연구와 교육을 병행해야 했기에 결코 쉽지 않은 시간이었지만, 하나님의 은혜로 그 세월을 잘 견디며 보낼 수 있었다. 그리고 이 두 번째 질문은 결국 세 번째 질문으로 이어질 때 비로소 온전히 이해될 수 있었다.

교수로 재직하던 시절, 우연한 계기로 장로회신학대학교에서 학부생들에게 과학을 가르칠 기회를 얻게 되었다. A교회에서 '창조과학'으로 인한 어려움을 겪고 있던 때, 일면식도 없던 임성빈 교수(장로회신학대학교 전 총장)로부터 전화가 걸려온 것이 계기가 되었다. 그 일을 통해 나는, 창조과학자들이 교육과정 공청회에서 내세우는 주장들에 제대로 대응하려면 신학적 소양을 갖춘 과학 교육자가 되어야겠다고 결심했다. 그리하여 장로회신학대학교 신학대학원에 입학했고, 하나님의 은혜로 5년 만에 졸업할 수 있었다. 이후 교육과정 공청회에서도 창조과학자들의 주장은 여전했으나, 예전보다 그 목소리가 많이 줄어든 것을 보며 조용한 변화를 느꼈다. 그리고 은퇴 후, 나는 목사로 부름 받게 되었다.

이 세 가지 질문에 대한 답을 찾는 일은 쉽지 않았다. 어느덧 일흔이 넘은 나이, 천문학으로 박사 학위를 받았으나 사범대학에서 주로 천문학 교육과 교육 연구에 전념해 온 탓에, 순수한 의미의 천문학 연구자로서의 역량은 이미 상당히 희미해져 있었다. 신학대학원을 졸업했지만, 목사 안수를 받지 않은 목회자로서 신학에서도 충분한 자격을 갖추지는 못했다.

그래서 2019년 8월 31일, 정년퇴임을 맞아 명예교수가 되었을 때 마음 한편에는 성취감이 들기도 했지만, 어딘가 2% 부족한 허전함이 남았다. 그동안의 모든 일에서 완전히 자유로워지고 싶었다. 나는 연구실과 집에 있던 모든 천문학 서적을 버리거나 학생들에게 나누어 주었고, 신학대학원에서 공부하며 모아두었던 신학 서적들도 모두 다른 목사님들께 드렸다. 은퇴 후에는 오직 자유로운 삶을 살고 싶었다. 신학대학원을 졸업했다는 사실마저 잊고 싶을 정도였다.

그러나 아이러니하게도, 그렇게 모든 것을 내려놓았을 때 오히려 새로운 삶이 시작되었다. 은퇴와 동시에 나는 다시 태어났다. 천문학의 세계에서는 지난 2,000년 동안 동양과 서양을 막론하고, 태양·달·화성·목성·토성·금성·수성 등 이른바 '일월오행성'의 천구(天球, celestial sphere)상 위치를 계산하고 예측하는 방법을 기술한 고천문역법서(古天文曆法書)를 과학사적으로, 수학적으로, 천문학적으로 분석하는 연구가 진행되었다. 이 연구는 한문(漢文)을 읽고 해석하며 번역하는 능력을 필요로 하는데, 서울대학교에서 내게 일반천문학을 수강했던 강민정 교수(한국고전번역원)가 그 일을 담당할 수 있었다. 그는 한문으로 쓰인 동아시아 과학 고전을 읽고 해석할 수 있는 국내 유일의 학자로, 그 덕분에 연구가 본격적으로 진행될 수 있었다. 또한 서원모 교수(장로회신학대학교 역사신학)와 내게서 박사 학위를 받은 이면우 교수(춘천교대 전 총장)의 관심과 추천, 그리고 헌신적인 협력이 아니었다면 이 연구는 결코 가능하지 않았을 것이다.

은퇴 후 내가 두 번째로 자유롭게 날아오르며 새롭게 태어난 것은 바로 줌(Zoom)을 이용한 ‘과학 강독’이었다. 지난 10여 년 동안 나는 ‘과학과 신학’을 주제로 한 달에 한 번씩 신학자나 과학자를 초청하여 ‘이수포럼’을 진행해 왔다. 그러나 코로나19의 확산과 경제적 부담으로 인해 포럼을 중단하게 되었고, 그 무렵 페이스북을 통해 알게 된 과학자, 신학자, 그리고 일반인들과 함께 온라인 ‘과학 강독’을 시작하게 되었다. 첫 강독에서는 칼 세이건의 『코스모스』를 함께 읽었다. 이 책은 천문학을 비롯하여 인문학적 통찰을 풍부하게 담고 있어 참가자들에게 큰 울림을 주었다. 이 강독을 계기로 ‘이수포럼’에서 함께했던 과학자, 과학 교육자, 신학자, 목사들이 자연스럽게 다시 모이게 되었다. 이후 온라인에서는 『기원 이론』 등 다양한 과학 서적을 함께 읽고 토론하는 자리가 이어졌으며, 거의 2년 동안 꾸준히 진행되었다.

한편 오프라인에서는 2024년 6월경, 서원모 교수의 제안으로 발족한 ‘동서지행포럼’이 5주년을 맞았다. ‘동서지행포럼’은 동서양의 교류 속에서 전해진 지식과 그 체계들을 탐구하고 발표하는 모임으로, 필자는 초대 이사장을 맡았다. 이 포럼이 확장되면서 임창세 목사(용산제일교회, 기장)의 제안으로 ‘과학과 신학 콘서트’가 새롭게 조직되었고, 이후 ‘과학과 신학 연구회’로 발전하였다. 나는 이 연구회의 초대 회장으로 섬기고 있다.

이처럼 새로운 도전을 통해 나는 은퇴 이후에도 역사천문학 연구를 수행하는 ‘역사 천문학자’로, 그리고 과학과 신학의 만

남을 탐구하고 발표하는 '과학 신학 연구자'로 다시 태어났다. 다시 말해, 과학과 신학을 함께 연구하며 교회 안에서 과학의 중요성을 논증할 수 있는 '과학 신학자'로 거듭난 것이다. 이 모든 활동은 서울대학교 명예교수이자 목사로서의 자격으로 가능했다. 이 두 가지 정체성은 나에게 교회를 위해 맡은 사명을 충실히 감당할 수 있는 권위를 부여했다. 그리고 그 권위는 사람으로부터가 아니라, 하나님께서 주신 것이다. 그러므로 교회와 사회 속에서 내가 행하는 과학과 신학의 대화는 하나님의 뜻 안에서 설득력을 갖는다.

나이 일흔은 단지 숫자에 불과하다. 하나님께서 내게 이 사명을 교회 안에서 감당하라 명하셨고, 나는 이성과 감성, 영성을 통해 응답받았다. 모세가 여든의 나이에 하나님의 부르심을 받아 이스라엘 백성을 이집트의 노예 상태에서 구원해 냈듯이,[3] 나는 '창조과학'의 그늘 아래 혼돈에 빠진 교회를, 창조 신앙으로 새롭게 거듭나는 교회로 변화시키는 사명을 감당하려 한다. 왜 하나님께서 나를 천문학으로 부르셨는지, 왜 서울대학교 사범대학 지구과학교육과로 인도하셨는지, 그리고 왜 신학대학원을 졸업하고 목사가 되게 하셨는지를 이제는 분명히 깨달았다.

---

3    이는 우주를 창조하신 하나님께서 노예 상태의 이스라엘 백성을 새롭게 다시 창조하셨다고 보아도 된다. 하나님 섭리를 창조의 신학에서 '계속 창조'의 관점으로 설명한다.

이것은 하나님께서 주신 사명이기에, 비록 어렵더라도 끝까지 감당할 것이다. 그리고 하나님께서 나로 하게 하신 사역에 뜻을 함께하는 동역자들도 있다. 이제 나는 나와 다른 견해를 가진 사람들 앞에서도 담대하다. 그들을 설득하는 데 시간을 쏟기보다, 남은 시간 동안 뜻을 함께하는 이들과 함께 교회를 새롭게 세우는 일에 전념하려 한다. 하나님께서는 언제나 신앙의 체험을 통해 그 결과를 확신케 하셨으며, 나는 시간이 지날수록 그 확신이 더욱 깊어짐을 느끼고 있다.

하나님께서는 지난 40년의 준비 여정 속에서, 자연과학을 통해 성서의 가르침을 더 깊이 이해하도록 이끄셨다. 그 과정에서 하나님이 어떤 분이신지, 하나님의 창조가 무엇을 의미하는지에 대한 물음이 내 안에서 자라났고, 이제는 그 깨달음을 교회의 성도들과 나누며 함께 배우고 실천하는 사명을 맡기셨다. 하나님께서는 이 사명을 감당할 수 있도록 나를 훈련시키셨을 뿐 아니라, 나의 논증이 세상 속에서도 설득력을 가질 수 있도록 세상적인 지위와 자리를 허락하셨다.

물론 그러한 지위는 세상적으로도 충분히 자랑스러운 일이다. 그러나 그것은 하나님께서 주신 사명을 감당하도록 주신 도구일 뿐이기 때문에 나는 그것을 자랑으로 여기지 않는다. 하나님께서는 나를 새롭게 빚으시고, 그 사명을 수행할 권위를 세상 속에서도 인정받게 하셨다. 그러므로 이제 나는 더 이상 주저하거나 의심하지 않는다. 하나님께서 주신 자리와 권위 안에서, 하나님께서 맡기신 사명을 온전히 감당하는 것이 나의 길임을 확신하고 있기 때문이다.


## 3. 천문학을 공부하는 연구자가 어떻게 기독교인이 되었는가?


지금부터는 자연과학의 한 분야인 천문학을 공부하던 필자가 어떻게 기독교인이 되었는가를 신앙고백적으로 설명해 보려 한다. 나의 신앙고백은 개인적이기에 다른 과학자들과 생각이 다를 수 있다. 그러나 나의 신앙을 바탕으로 세워진 신학은 이성과 감성, 영성을 함께 담고 있기에 충분한 설득력을 지닌다고 생각한다.

앞서 잠시 언급했듯이 내가 기독교 신앙을 갖고 교회 공동체에 들어가게 된 것은 1980년 1월 1일이다. 미네소타대학교 천문학과 박사과정에 입학한 시기는 1979년 9월경이었다. 이 학교는 쿼터제(quarter system)[4]를 운영하여 1년이 세 학기로 구성되고, 한 학기는 10주이다. 한국의 학기제와는 달랐지만, 10주 단위로 한 학기를 마치는 방식은 오히려 나에게 부담을 덜어 주었다. 유학 생활에서 가장 어려운 점은 역시 언어였다. 나는 영어에 큰 소질이 없었고, 공부해야 한다는 부담감 때문에 더욱 하기 싫

---

4    1년은 3 quarter로 되어 있으며 1 quarter는 10주이다.

었다. 다행히 내가 듣는 과목들은 모두 수학이라는 공통의 언어를 사용했기에, 영어를 완벽히 이해하지 못하더라도 수학이 그 부족함을 어느 정도 채워 주었다. 덕분에 좋은 학점을 받는 데에는 큰 어려움이 없었고, 그 결과 영어 공부를 소홀히 했던 것 같다. 이 문제는 유학 내내 나를 괴롭혔고, 지금 생각해 보면 참으로 어리석었다고 느껴진다.

이 대학교의 천문학과는 물리천문학부 소속이었기에, 입학 후 한 학기가 지나 겨울학기가 시작되기 전 예비 필기시험을 치러야 했다. 시험은 두 번의 기회가 주어졌지만, 한 번에 합격해야 장학금을 계속 받을 수 있고, 이후 학업도 훨씬 수월해질 것이라고 생각했다. 가을 학기가 끝난 후 시험일까지는 약 15일이 주어졌다. 나는 그 기간 동안 아침에 일어나 잠들기 전까지 시험에 필요한 전공 서적을 처음부터 끝까지 읽으며 공부했다. 시험일은 1980년 1월 2일과 3일이었는데, 1979년 12월 30일이 되자 극도로 지쳐 더 이상 공부할 수 없을 정도였다.

당시 나는 교회에 출석하지는 않았지만, 소개로 알게 된 교인 몇 분이 있었다. '잠시 쉼이 필요하다'는 생각이 강하게 들었다. 마침 홍백기 집사 댁에서 송년회를 한다는 소식을 듣고 참석하고자 했으며, 최담 집사의 도움으로 그 자리에 가게 되었다. 성찬 전에 다과를 함께 나누던 중 "하나님께 기도하면 무엇이든지 들어 주십니다"라는 말이 귀에 들려왔다. 소리가 난 쪽을 보니 한 젊은 부부와 몇 사람이 둘러앉아 이야기를 나누고 있었다. 중요한 시험을 앞두고 마음이 몹시 갈급했던 나는, 방금 들은 말이 사실인지 확인하고자 그 부부에게 다시 물었다. "정말 하나님께 기도하면 무엇이든지 다 들어 주십니까?" 그 부부는 주저 없이 "그렇습니다"라고 대답했다. 그 순간 나는 다음 날인 1980년 1월 1일 교회에 가야겠다고 결심했다. 하나님께 시험을 잘 치러 합격하게 해 달라고 기도하겠다는 생각이 분명하게 들었다.

1월 1일, 나는 최담 집사의 도움으로 교회 예배에 참석했다. 예배를 어떻게 드렸는지는 기억나지 않는다. 그러나 나의 기도는 단 하나였다. "이 시험에 합격하게 해 주신다면 하나님을 믿고 교회 예배에 계속 참석하겠습니다." 이 기도를 수십 번도 넘게 반복했던 것으로 기억한다. 그런데 집으로 돌아오면서 마음이 설명할 수 없을 만큼 즐거워졌다.

1월 2일 시험은 비교적 쉬운 문제들로 구성되어 있었으며, 3시간 동안 약 20개의 문제를 풀고 설명하는 방식이었다. 그런데 그날 기적이 일어났다. 출제된 20문제가 모두 알고 있는 문제였기에, 나는 3시간 안에 전부 해결할 수 있었다. 집에 돌아온 나는 아내에게 "합격할 것 같아"라고 말할 정도로 확신에 차 있었고, 다음 날 시험을 치르기도 전에 마음이 든든했다.

1월 3일 시험은 난이도가 높은 문제들로 이루어져 있었다. 네 개의 큰 문제가 각각 (1), (2)로 구성되어 있었고, 두 소문항 중 하나만 해결하면 한 문제를 푼 것으로 인정되었다. 문제지를 받아 든 순간, 나는 등골이 오싹해지는 느낌을 받았다. 또 한 번

기적이 일어났다. 네 문제 모두 (1)은 내가 완벽히 해결할 수 있는 유형이었고, (2)는 전혀 알지 못하는 문제였다. 결국 모든 (1)을 풀 수 있었고, 이날의 시험은 만점이나 다름없었다. 시험을 마친 뒤 내 입에서 자연스럽게 나온 말은 "하나님 감사합니다"였다. 아내에게도 "이번 주부터 나는 교회에 예배드리러 가야 한다"라고 말했다. 그리고 합격 여부와 상관없이 그 주부터 교회에 출석하기 시작했다. 물론 몇 주 뒤 실제로 합격 통지를 받았고, 나는 다시 한번 하나님께 감사드리며 기독교인으로서 삶을 시작하게 되었다.

내가 이러한 신앙 간증을 길게 이야기하는 이유는, 이성으로 천문학을 연구하던 박사 후보생이 신앙 체험을 통해 하나님을 믿고 신뢰하게 된 과정을 보여주기 위함이다. 이성적으로 보자면, 시험에 합격한 이유는 내가 성실하게 공부했고 물리학 전공을 소홀히 하지 않았기 때문이라고 설명할 수 있다. 그러나 신앙적으로는 하나님께서 그 길을 열어 주셨다는 체험이 있었고, 나는 그 사실을 믿고 싶었다.

자연과학은 자연을 관측하고 경험하는 과정에서 얻어지는 사실들을 연구하는 학문이다. 자연과학은 이성적이고 경험적인 방식으로 자연을 이해한다. 반면 신앙은 이성보다 감성적인 느낌과 그에 따른 영적 경험을 통해 하나님의 섭리를 느끼고 깨닫게 된다. 천체물리학 박사 논문을 준비할 때도, 서울대학교 교수로 임용될 때도, 다니던 A교회에서 '창조과학' 문제로 인해 더 이상 출석할 수 없게 되었을 때도, 전혀 알지 못하던 임성빈 교수에게서 갑작스러운 전화가 와 장신대 학부생들에게 과학을 가르쳐 달라는 요청을 받았을 때도, 신대원 재학 중 아내가 암 재발로 두 번째 항암 치료를 받을 때도(현재 일흔의 나이에도 건강하게 생활하고 있다.), 연구비 부정 사용을 거부해 동료 연구자들에게 따돌림을 당했을 때도, 내가 맡고 있던 관악영재교육원 원장 보직을 빼앗기 위해 학장단이 사찰을 진행했을 때도, 서원모 교수의 직접적·간접적 격려로 동서 역사 천문학 연구의 길이 열렸을 때도, 임창세 목사를 비롯한 여러 과학자·신학자·목사들과 함께 과학과 신학 연구소를 세웠을 때도, 그리고 최근 박봉수 목사(상도중앙교회, 예장통합)로부터 우연한 전화가 와 '교회를 위한 과학과 신학'을 강연할 기회를 얻게 되었을 때도, 나는 개인적이지만 매우 강렬한 신앙 체험을 하게 되었다.

이러한 신앙 체험은 감성과 영성을 통해서는 신앙적으로 이해되지만, 자연과학자인 나에게는 이성적인 자연과학의 틀 안에서 어떻게 이해될 수 있었을까 하는 물음이 뒤따르게 된다. 이 질문을 끝으로 우선 이 글을 마무리하고자 한다. 이 물음에 답하기 위해서는 내가 공부해 온 물리학의 기본 원리를 독자들도 어느 정도 이해할 필요가 있기 때문이다. 따라서 다음 글에서는 물리학의 지식을 간단히 소개하고, 이를 바탕으로 신앙 체험뿐 아니라 자연과학이 성경을 해석하는 데 어떤 도움을 줄 수 있는지 설명해 보려 한다.

물론 자연과학으로 하나님을 증명할 수는 없다. 오늘날 일부에서는 자연과학이 워낙 발전했기에 성경이 말하는 내용도 과학이 증명해 주어야만 진리가 된다고 생각하는데,[5] 이는 과학이 증명하지 않으면 진리가 성립하지 않는다는 착각에 빠지게 한다. 같은 자연과학적 사실을 놓고도 어떤 이는 무신론을, 어떤 이는 불가지론을, 또 어떤 이는 유신론을 주장한다. 나는 신앙 체험을 한 기독교인이기에 자연과학을 하나님께서 창조하신 피조 세계를 탐구하는 학문으로 이해한다.

## 4. 나가면서

필자는 이 글에서 '창조과학'을 이유로 믿음이 없는 자로 간주되었고, 그로 인해 성도들과의 관계에서 많은 어려움을 겪었다는 사실을 고백하였다. 그럼에도 불구하고 나는 자연과학자로서 "자연과학이 교회의 신앙생활과 성경 해석, 그리고 신학 연구에 얼마나 중요한 역할을 하는지 교회에 알리라"는 사명을 받은 사역자로 부르심을 받았다고 믿는다. 또한 하나님께서 여러 세상적인 권위를 함께 주셔서, 내가 감당하는 사역을 교회가 신뢰할 수 있도록 길을 열어 주셨음을 고백하였다.

---

5    이를 '과학주의'라고 한다. 과학이 증명해 주어야 진리가 된다는 착각을 하게 한다.

마지막으로 나는 기독교인이 된 것이 감성적이고 영성적인 신앙 체험에서 비롯되었으며, 그 경험을 통해 하나님을 더욱 깊이 알게 되었고 성경을 통해 하나님의 임재와 인도하심을 깨닫게 되었다는 사실을 신앙고백으로 전하였다. 이제 다음 글에서는 하나님께서 자연과학의 여러 원리와 지식을 통해, 내가 신앙 체험 속에서 경험한 것들을 얼마나 이성적으로 이해할 수 있게 하셨는지를 논증해 보고자 한다.

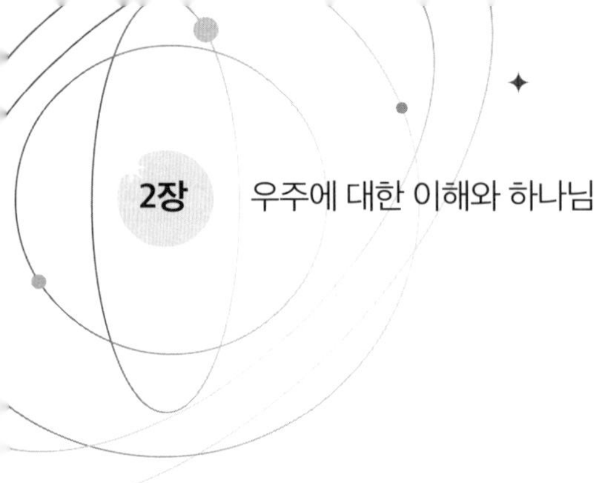



## 1. 들어가기

　　필자는 천문학자이기에, 천문학에서 연구하는 우주론의 표준 모형인 '표준 빅뱅 이론'을 어느 정도 자신 있게 설명할 수 있다. 이 글에서는 표준 빅뱅 이론이 정립되기까지의 역사적 사건들[6]을 중심으로 다루려 하지만, 이해를 돕기 위해 그 이전 고대의 우주관에서부터 표준 빅뱅 이론이 등장하기 전까지의 주요 관점을 간략히 살펴보고자 한다. 과학으로서의 천문학을 중심에 두되, 천문학적 관측과 이론의 배경에는 중요한 직관들이 존재

---

6　역사적 사건이라는 표현은 표준 빅뱅 이론이 현재의 우주론으로 정립되기까지 여러 천문학자가 이루어 낸 성취를 역사적으로 기술한다는 의미다. 동시에, 우주가 빅뱅의 태초 순간부터 현재에 이르기까지 거쳐 온 주요 사건(event)들을 서술한다는 뜻도 포함한다. 따라서 여기서 '역사적 사건'이라는 표현은 이러한 이중적 의미를 지닌 것으로 이해해야 한다.

하기에, 이러한 부분도 필요한 범위 안에서 함께 서술하려 한다.

## 2. 우주의 광대함

우리는 태양계의 한 행성인 지구에서 살고 있다. 지구는 태양을 중심으로 약 365.25일의 주기를 따라 공전한다. 태양은 태양계의 중심 별이며, 그 중력에 의해 행성, 혜성, 미행성체, 행성간 물질 등 모든 천체가 태양을 중심으로 공전한다.[7] 태양에서 지구까지의 거리를 1AU[8]라고 하는데, 대략 1억 5천만 km이다. 빛의 속도는 초당 30만 km이므로 태양빛이 지구에 도달하는 데 약 8분 20초가 걸린다.

우리가 일상에서 물체를 바라볼 때, 대부분의 물체는 스스로 빛을 내지 못하고 태양빛을 반사해 우리 눈으로 전달한다. 지상에서는 물체와 눈 사이의 거리가 매우 짧아 반사된 빛이 도달하는 데 거의 시간이 걸리지 않기에 우리는 곧바로 물체를 인식할 수 있다. 그러나 태양에서 지구까지 빛이 오기까지 시간이 걸리므로, 우리는 실제로 8분 20초 전의 태양을 보고 있는 셈이다. 그만큼 천문학에서 먼 천체를 관측한다는 것은 그 천체의 '과거'

---

7  태양계를 이루는 모든 행성은 동일한 방향으로 태양을 공전한다.

8  AU는 Astronomical Unit의 약자로, '천문 단위'로 번역한다. 태양과 지구 사이의 평균 거리를 1AU로 정의한다.

를 보고 있다는 뜻이다. 이 말은 곧, 우주를 관측한다는 것은 시간의 깊이를 함께 바라본다는 의미이기도 하다.

망원경이 발명되기 전, 인류는 맨눈으로 밤하늘을 관측하여 별의 위치와 배열을 중심으로 하늘을 이해했다. 거리를 측정할 수 없었던 시대였기에,[9] 별들의 상대적 위치가 거의 변하지 않는다는 사실이 중요했고, 그 결과 동서양에서 다양한 별자리가 형성되었다. 그러나 망원경과 사진술이 발명되고 발전하면서 관측의 깊이는 급격히 넓어졌다. 비록 은하수의 면을 향한 가시광선 관측은 성간 매질(星間 媒質)[10] 때문에 제한을 받지만, 은하수의 면 위·아래 방향에서는 성간 매질의 영향을 비교적 덜 받아 더 먼 곳까지 관측이 가능해졌다.

천체까지의 거리 측정은 매우 어렵다. 지상에서 먼 거리를 측정할 때 삼각측량이 사용되듯, 가까운 별까지의 거리도 삼각

---

9    지구상에서 먼 물체까지의 거리를 측정할 때 삼각측량이 사용되었다. 그러나 천체는 너무 멀리 있기 때문에 일반적인 삼각측량 방식으로는 거리를 측정할 수 없다. 지구의 어느 지점에서 관측하더라도 천체의 방향이 거의 동일하게 보이기 때문이다. 다만 달은 상대적으로 가까이 위치해 있기 때문에, 삼각측량을 통해 비교적 정확한 거리를 얻을 수 있었다. 태양은 달보다 훨씬 먼 거리에 있기 때문에 삼각측량을 하여도 같은 위치에 있는 것으로 보여, 에라토스테네스(Eratosthenes of Cyrene, B.C. 274~196)는 지상의 다른 지점에서 태양의 고도 차이를 이용하여 지구의 반경을 측정할 수 있었다.

10   우리 태양계가 속한 우리은하(은하수)에서는 별과 별 사이가 완전한 진공이 아니라, 매우 희박한 기체와 먼지가 존재한다. 밀도가 극도로 낮더라도 천체까지의 거리가 워낙 멀기 때문에, 그 천체에서 출발한 빛은 지구에 도달하기 전에 일부가 흡수되거나 산란되며, 이로 인해 먼 거리의 천체가 보내는 빛을 관측하기가 어려워진다.

측량을 이용해 측정한다. 이때 기저선(baseline)은 지구 공전 궤도의 지름이다. 6개월 간격으로 지구의 위치가 바뀌었을 때 별의 위치가 미세하게 달라지는 값, 즉 시차(parallax)의 절반이 1초각(1″)이면 그 별까지의 거리는 약 206,265AU가 되며, 이를 1파섹(1pc)이라 한다. 1pc는 약 3.26광년,[11] 즉 약 31조 km에 해당한다. 가장 가까운 별인 프록시마 센타우루스의 시차는 약 0.77″로, 이는 약 1.3pc, 즉 4.244광년이다. 지구에서 관측되는 모든 별은 이보다 훨씬 더 멀리 있다.

우리은하에는 수천억 개의 별이 존재하며, 별과 별 사이의 평균 거리는 약 1pc 정도이다. 이를 상상하기 위해 비유하자면, 서울에 100원짜리 동전 하나가 놓여 있다면, 그와 동일한 크기의 동전 하나가 약 450km 떨어진 제주도에 놓여 있는 것과 같다. 서울과 제주도 사이에 아무것도 없다고 가정해 보자. 별 하나와 또 다른 별 하나 사이의 거리는 이처럼 광대하며, 이러한 간격이 수천억 번 반복된 것이 우리은하다. 그리고 우주에는 이런 은하가 다시 수천억 개나 더 존재한다. 우주는 말 그대로 상상을 초월할 정도로 광대하다. 이처럼 창조 세계의 규모를 알고 있는 천문학자이자 기독교인인 필자는, 하나님께서 우주보다 광대하시며, 우주 어디에도 하나님의 손길이 미치지 않는 곳이 없다는 사실을 자연스럽게 느끼게 된다.

---

11 광년은 빛이 1년 동안 가는 거리이다.

# 3. 천문 관측으로 어떻게 우주를 연구할 수 있을까?

앞서 언급했듯이, 천문학에서 먼 거리에 있는 천체를 관측한다는 것은 그 천체의 과거를 관측한다는 의미이다. 1990년을 기점으로 대형 지상 망원경과 더불어 우주 망원경 시대가 열렸는데, 그 시작을 알린 것이 바로 허블 우주 망원경이다. 허블 우주 망원경은 지구 대기 밖에 위치해 있기 때문에 대기에 의한 방해나 빛의 감소를 겪지 않는다. 물론 성간 매질의 영향은 받지만, 지구 대기보다 훨씬 작은 수준이다. 그 결과 허블 우주 망원경은 매우 희미한 천체까지도 관측할 수 있다. 이 망원경은 1~2억 광년 떨어진 천체는 물론, 100억 광년 이상 떨어진 천체들까지 관측할 수 있었다. 이 사실은 무엇을 의미하는가? 현재 우주의 나이는 약 137~138억 년으로 알려져 있다. 그렇다면 100억 광년 떨어진 천체는 우주가 탄생한 지 약 37~38억 년이 지난 시기의 모습을 보여주는 셈이다. 우리는 지금 그 천체의 현재 모습을 보는 것이 아니라, 과거 우주에 존재했던 모습을 보고 있는 것이다.

2021년에는 제임스 웹 우주 망원경이 발사되어 적외선 영역에서 천체를 관측하기 시작했다. 우주의 팽창으로 인해 멀리 있는 천체의 빛은 적색편이를 겪기 때문에, 적외선 관측이 가능한 제임스 웹 우주 망원경은 우주의 초기 천체들을 관측하는 데 매우 유리하다. 2024년에는 이 망원경을 통해 빅뱅 후 약 2.9억 년밖에 지나지 않은 시기에 존재했던 JADES-GS-z14-0 천체가 관측되었다([그림 1] 참조). 일반적으로는 빅뱅 후 약 10억 년이 지나야 천체가 형성된다고 여겨졌지만, 이 관측을 통해 천체의 형성이 훨씬 더 이른 시기에 진행되었음이 드러난 것이다.

결국 인류가 먼 거리에 있는 천체를 관측한다는 것은 우주의 과거에 어떤 천체가 어떤 모습으로 존재했는지를 관측하는 것이다. 우주의 과거는 이론적 계산뿐 아니라 실제 관측 자료를

[그림 1] JADES-GS-z14-0 천체 (출처) NASA, ESA, CSA, STScI, B. Robertson (UC Santa Cruz), B. Johnson (CfA), S. Tacchella (Cambridge), P. Cargile (CfA)

통해 연구되고 있으며, 우리는 관측이라는 창을 통해 우주의 시간 속으로 과거를 향해 여행하고 있다. 현재 우주의 관측 가능 시간은 약 135억 년 이상으로 확장되었다. 우주의 나이 138억 년을 24시간에 비유하면, 1,600년은 약 0.01초에 해당한다. 우리가 느끼기에는 우주의 나이가 실로 끝없고 무한한 것처럼 보일 수밖에 없다. 그런데 이 광대한 우주조차 하나님의 피조 세계이며, 하나님은 우주가 창조되기 이전부터 존재하셨다. 이를 생각할 때 하나님이 얼마나 무한하신 분인지 깊이 깨닫게 된다.

## 4. 우주에 대한 과거의 이해

창세기 1장에 따르면, 히브리인들이 상상한 우주의 모습은 [그림 2]와 같이 묘사할 수 있다. 하늘에는 궁창(firmament)이 펼쳐져 있고, 그 위에는 물(waters)이 존재한다. 궁창과 그 위의 물 사이에는 홍수 문(floodgate)이 있는 덮개가 있다고 여겨졌다. 하늘, 곧 궁창에는 해와 달과 별들이 놓여 있다. 궁창 아래에는 땅(earth)이 있으며, 이 땅은 땅의 기둥(columns of the earth)에 의해 지탱되는 것으로 생각되었다. 땅에는 산맥의 기둥들이 있고, 땅 바깥에는 바다(ocean)가 둘러싸고 있다. 또한 땅 아래에는 스올(sheol, 지하세계)이 있고, 이 모든 세계는 심연(深淵, abyss) 위에 놓여 있는 구조로 이해되었다.

히브리인들뿐 아니라, 고대 주변 민족들도 대체로 지구는 평평하고 하늘은 둥글며, 하늘의 천체들은 저마다의 하늘에서 지구를 중심으로 회전한다고 생각했다. 이는 고대 동양의 천원지방(天圓地方), 즉 "하늘은 둥글고 땅은 네모나다"라고 이해한 우주관과 유사하다. 동양에서는 이를 개천설(蓋天說)이라 불렀으며, 훗날 한나라 이후에는 혼천설(渾天說)이 등장해 둥근 지구를 중심으로 둥근 천구가 둘러싸고 있는 형태로 우주를 이해하게 되었다.

고대인들은 맨눈으로도 밤하늘의 천체를 매우 정확하게 관측했다. 별들의 위치는 하늘에 고정된 듯 보였고, 서로 모여 별자리를 이루며 하루 동안 떠올랐다가 지는 일주 운동을 반

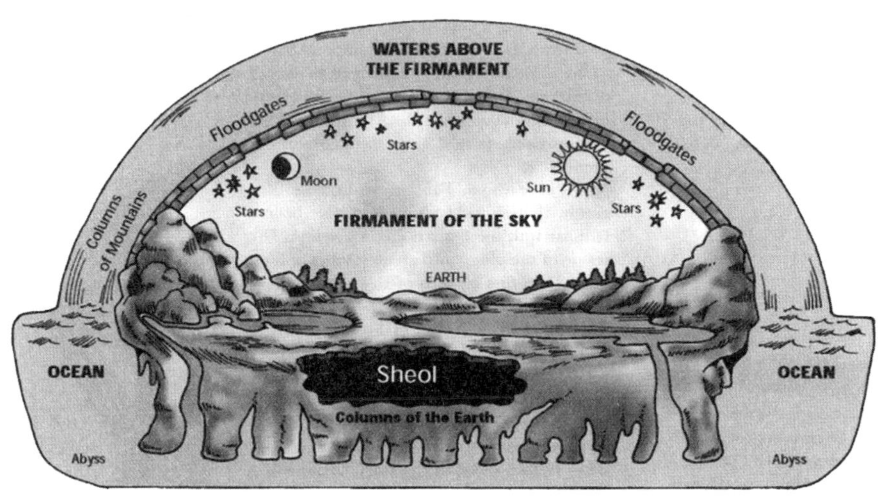


[그림 2] 히브리인들이 생각한 우주 (출처) Getty images Bank

복했다. 시간이 지나면서 별들이 뜨는 시각이 점차 늦어진다는 사실을 알게 되었고, 여름과 겨울의 밤하늘에 보이는 별자리가 서로 다르다는 것도 관측을 통해 파악했다. 별자리의 뜨고 지는 위치와 시각은 1년 주기로 반복된다는 사실, 즉 연주 운동도 알게 되었다.

태양 역시 아침에 뜨고 저녁에 지지만, 낮의 길이가 계절마다 달라지고, 태양의 고도와 별자리 사이에서의 위치도 1년 주기로 변화한다는 사실을 고대인들은 꾸준한 관찰을 통해 이해했다. 달도 태양과 지구의 상대적 위치에 따라 약 한 달의 주기를 갖고 초승달에서 점점 차오르다가 만월(滿月, full moon)이 되며, 다시 이지러져 그믐달이 되어 사라지는 과정을 반복한다는 사실을 알고 있었다. 삭(朔)의 시기에는 일식이, 망(望)의 시기에는 월식이 가끔 일어난다는 것도 관찰을 통해 인식하게 되었다. 또한 별자리 사이를 일정한 주기로 서쪽에서 동쪽으로 이동하는 천체가 있다는 것도 발견했다. 오늘날 우리는 이를 행성(planet)이라 부르며, 고대인이 맨눈으로 관측할 수 있었던 행성들은 수성, 금성, 화성, 목성, 토성 등 이른바 '오행성'이다.

옛사람들이 이해한 우주는, 천구의 중심에 둥근 지구가 고정되어 있고, 그 위로 해와 달, 오행성(日月五行星)이 움직이는 하늘이 있으며, 그 위에 다시 별이 움직이는 하늘이 존재하는 구조였다. 마지막으로 이 모든 하늘 전체를 하루에 한 번씩 회전시키는 또 하나의 하늘이 있다고 보았다. 이렇게 하여 우주는 9중천(九重

天)의 구조를 가진 천구로 이해되었다. 이후 이 모델은 더욱 정교하게 발전하여 12중천, 13중천으로까지 확장되었다. 사도 바울이 말한 3중천(三重天)은 이러한 복잡한 구조를 단순화한 것으로 보인다. 곧 지구 바로 위의 하늘(대기권), 일월오행성과 별들이 연주운동과 일주운동을 하는 천구를 하나의 층으로 묶어 이해하고, 하나님께서 계시는 가장 높은 하늘을 또 다른 층으로 이해한 것이다. 따라서 바울이 묘사한 3중천은 9중천이나 그보다 많은 12중천, 13중천 모델과 달리, 하나님이 계신 하늘을 포함하여 우주의 구조를 단순하게 요약한 모델이라 할 수 있다.

고대인들에게 우주를 이해한다는 것은 바로 천구(天球)에서 천체들의 움직임을 설명하는 것이었다. 그들은 우주를 거대한 구 형태의 천구로 생각했고, 여러 하늘이 그 안에 동심구(同心球)처럼 층층이 쌓여 있다고 여겼다. 중국에서도 마찬가지로, 천구에서 태양·달·오행성·별들의 움직임이 일정한 규칙을 따른다는 사실을 관측을 통해 깨달았고, 출처가 분명하지 않은 운행표를 이용해 이들의 궤도를 추보(推步)하였다. 서양에서는 이미 기원전부터 이러한 천체의 움직임을 기록한 관측 자료가 알렉산드리아 도서관과 같은 학문 중심지에 보관되어 있었다. 히파르코스(Hipparchos, B.C. 190~125)는 별자리의 움직임에서 세차운동(precession)[12]을 발견했을 뿐 아니라, 태양·달·오행성의 운동을 기하

---

12    지구의 자전축은 약 23.5도 기울어져 있으며, 이 자전축은 팽이가 흔들리듯 약
      26,000년의 주기로 세차운동을 한다. 이 세차운동 때문에 춘분점은 1년에 약

학적 모델로 설명하며 운행표를 최초로 체계화한 인물이다. 그러나 그의 업적을 직접 기록한 문헌은 전하지 않는다.

그로부터 약 300년 후, 프톨레마이오스(Claudius Ptolemaios, c. 83~168)는 『천문학 집대성』(현재의 명칭은 '알마게스트'[Almagest])을 집필하여 히파르코스가 사용했던 관측 자료와 고대 모델을 정리하고, 새로운 기하학적 모델을 도입하여 태양·달·오행성의 위치와 일식·월식(일월식)을 추산하였다. 예를 들어, 태양의 경우 이심 모델(eccentric model)을 사용해 1년 동안 태양이 보이는 불규칙한 움직임을 설명했는데, 이는 오늘날 우리가 사용하는 타원궤도 모델과 비교해도 매우 근접한 결과를 보인다.

프톨레마이오스의 추보 체계는 코페르니쿠스(Nikolaus Kopernikus, 1473~1543)가 『천구의 회전에 관하여』를 통해 태양 중심 모형을 제시할 때까지 오랜 기간 유지되었다. 그 사이 이 이론은 『알마게스트』의 내용을 계승하고 발전시킨 이슬람권의 천문역산서인 '지즈'(Zij)들을 통해 후대로 전승되었다. 일월오행성의 추보는 기본적으로 지구에 위치한 관측자를 위한 작업이다. 실제로는 지구가 태양을 공전하지만, 관측의 관점에서는 지구를 중심으로 태양이 회전한다고 상정해도 추보의 결과에는 큰 지장이

---

51초 정도 태양이 지나가는 길인 황도(ecliptic)를 따라 서서히 뒤로 이동한다. 그 결과, 춘분점을 기준으로 한 별의 위치는 해마다 조금씩 달라지게 된다. 이러한 세차운동을 확인하려면 오랜 기간에 걸친 정밀한 별 위치 측정과 그 기록이 반드시 필요하다.

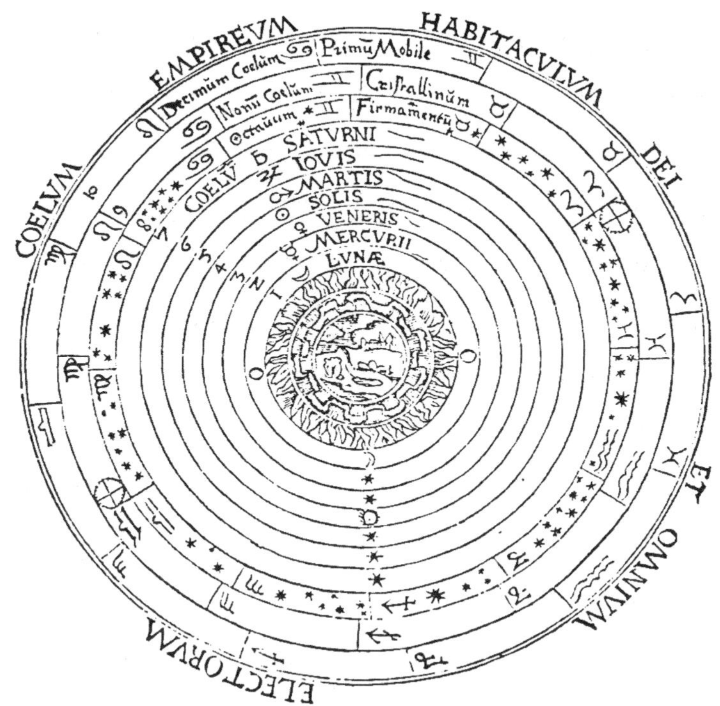

[그림 3] 프톨레마이오스의 지구 중심 9중천

없다. 이러한 배경에서 코페르니쿠스 역시 태양의 운동에는 이심 모델을, 달의 경우에는 프톨레마이오스 모델을 변형한 2-주전원 모델을 그대로 수용하였다.

그러나 행성의 운행에 있어서 코페르니쿠스는 과감히 태양 중심 모형을 도입하였다. 당시 코페르니쿠스 모델은 실제 존재하지 않는 현상들을 이론에 포함시켰기에, 역설적으로 프톨레마이오스 모델에 기초한 추보보다 정확도가 현저히 떨어지는 한계를 보였다. 아울러 태양 중심 모형은 '지구는 고정되어 있다'고 주장하던 당시 가톨릭교회의 교리와 충돌하며 분쟁의 대상이 되었다. 이러한 상황을 학술적으로 해결하고자 노력한 인물이 튀코 브라헤(Tycho Brahe, 1546~1601)이다. 그가 채택한 추보 모델은 지구를 천구의 중심에 두어 교회의 입장을 배려하면서도, 달과 태양은 지구를 돌고 다른 행성들은 태양을 공전하게 하는 '혼합 모형'(Geo-Heliocentric model)이었다. 비록 이 모델이 우주의 실제 구조와는 일치하지 않았으나, 당대의 종교적·과학적 요구를 절충한 형태였다.

흥미로운 점은 프톨레마이오스의 지구 중심 모형, 코페르니쿠스의 태양 중심 모형, 그리고 튀코 브라헤의 혼합 모형을 지구를 원점으로 하는 수학적 벡터(Vector)로 표현할 경우 모두 동일한 식이 유도된다는 사실이다. 이는 어떤 체계를 선택하든 일월

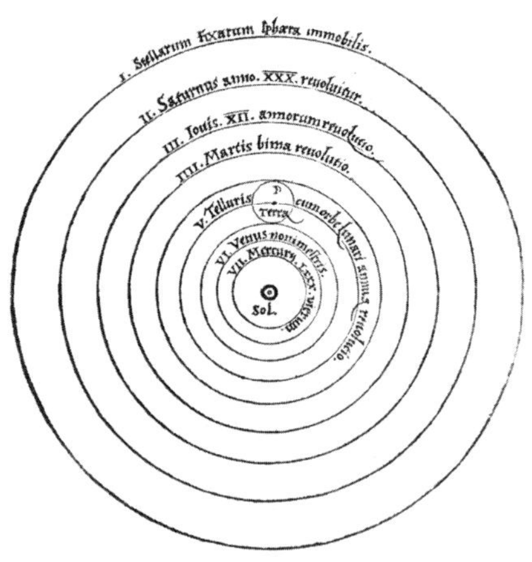

[그림 4] 코페르니쿠스 태양 중심 모형

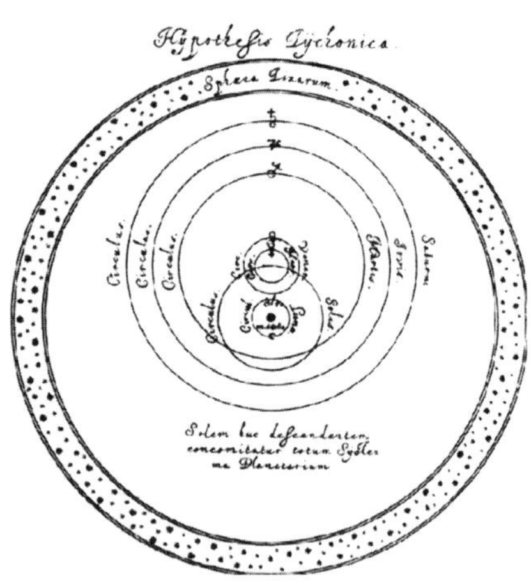

[그림 5] 튀코 브라헤의 혼합 모형

오행성의 위치를 추보하는 데 있어 기하학적 결과는 차이가 없음을 시사한다. 결국 추보의 정밀도는 모델의 구조적 차이보다는 계산에 사용되는 상수들의 정확도에 의해 결정된다.

당시에는 태양계 내 천체의 운행을 정확히 추보하는 것이 곧 우주를 이해하는 핵심이었다. 모든 모형이 위치 추보라는 기능적 측면에서는 대동소이했음에도 불구하고 '코페르니쿠스 혁명'이라는 평가를 받는 이유는, 그의 모형이 행성 운동의 실제적인 물리적 구조를 선구적으로 보여주었기 때문이다. 이전까지의 이론들은 실제 구조와 일치하지 않더라도 관측 사실을 설명하는 도구로서 기능했다면, 코페르니쿠스 모형은 비록 초기 관측치와의 정합성은 부족했으나 우주의 실제 물리적 양태를 반영하고자 하였다.

이후 코페르니쿠스 모형은 튀코 브라헤의 정밀한 관측 자료와 케플러(Johannes Kepler, 1571~1630)의 헌신적인 연구를 거치며 행성 궤도가 타원형이라는 사실이 밝혀짐에 따라 실제 우주의 모습에 더욱 근접하게 되었다. 이어 뉴턴(Isaac Newton, 1643~1727)은 행성의 타원 궤도가 성립하기 위해서는 태양과 행성 사이에 거리의 제곱에 반비례하는 힘이 작용해야 한다는 사실을 증명하고, 이를 1687년 발간된 『프린키피아』에 상세히 서술하였다. 질량을 가진 두 물체 사이에 작용하는 이 힘은 오늘날 '중력'이라 불린다. 중력은 우주의 4가지 기본 상호작용 중 세기가 가장 약하지만, 거시적 우주의 모든 운동을 지배하는 근본적인 힘이다.

우주의 탄생 이후 모든 천체는 중력의 작용을 통해 형성되었기에 이를 '만유인력'(Universal Law)이라 일컫는다. 태초부터 지금까지 우주 어느 곳에서나 중력은 두 물체 질량의 곱에 비례하고 거리의 제곱에 반비례하는 법칙을 따른다. 이때의 비례상수인 중력 상수(Gravitational Constant) 역시 전 우주적 시공간에서 일정한 불변의 값으로 존재한다.

중력 상수 하나만 보더라도 우주를 창조하신 하나님께서 얼마나 변함이 없으신 분인지 이해하게 된다. 우주 안에서는 중력의 법칙에 따라 물질들이 합쳐지고, 때로는 충돌하여 파쇄되기도 하지만 이를 지배하는 중력의 법칙 자체는 결코 변함이 없다. 하나님께서는 변하지 않는 근원적인 법칙을 우리에게 부여하셨으며, 인간은 이 법칙의 테두리 안에서 자유의지를 가지고 다양한 행동을 영위한다. 그러나 인간의 그 모든 행위 역시 결국에는 변치 않는 하나님의 법칙을 통해 이루어지는 것이다.

## 5. 나가면서

앞서 살펴본 바와 같이 일월오행성의 위치를 추보함에 있어 지구 중심 모형, 태양 중심 모형, 혹은 혼합 모형 중 무엇을 선택하느냐는 계산 결과에 큰 영향을 미치지 않는다. 그럼에도 불구하고 '코페르니쿠스 혁명'이라는 표현이 사용되는 이유는 그것이 가설을 넘어 사실에 기반한 실재를 보여주었기 때문이다. 인류의 우주 연구는 기원전 아주 오래전부터 관측과 함께 시작되었다. 초기에는 상상과 신화의 영역에 머물렀으나, 시간이 흐르며 선대의 연구가 후대로 계승되어 점진적인 발전을 이루었다. 특히 이집트와 메소포타미아의 수학 및 기하학적 성과를 수용하면서 인류는 비로소 과학적 모델을 다룰 수 있게 되었다. 히파르코스와 프톨레마이오스를 거쳐 코페르니쿠스, 튀코 브라헤, 케플러, 그리고 뉴턴에 이르기까지 천구상에서의 행성 위치 추보는 점차 실재의 모습에 부합하게 되었다. 이것이 바로 학문의 핍진성(逼眞性, verisimilitude)[13]이다. 이제 행성의 위치 추보는 진리가 되었다.

표준 빅뱅 우주론을 본격적으로 상술하기에 앞서, 이러한 우주론의 역사적 전개 과정을 복기하는 것만으로도 우리는 이 우주를 창조하신 하나님이 얼마나 광대하고 무한하며, 변함이 없으신 분인지 깊이 깨닫게 된다. 더욱이 우리 인간에게 이토록 경이로운 우주를 탐구하고 이해할 수 있는 지혜를 허락하신 하나님을 묵상할 때마다, 인간이 하나님의 형상대로 창조되었다는 사실과 하나님의 창조 세계를 보살피라는 명령을 다시금 마음속에 새기게 된다.

---

13  핍진성이란 학문적 영역에서 어떤 이론이 다른 이론보다 진리에 더 가깝다는 개념을 의미한다.

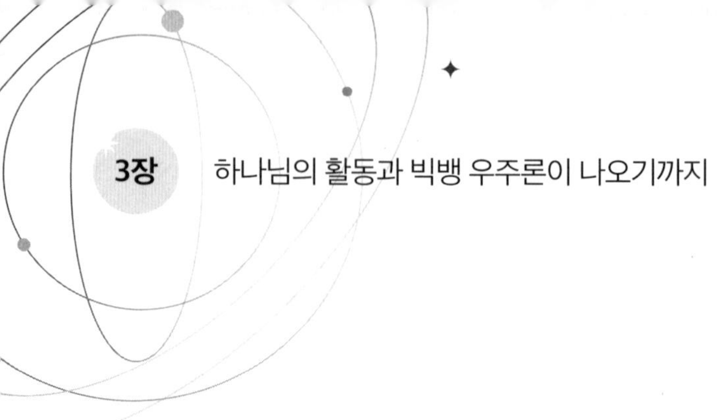



## 1. 들어가기

필자는 지금까지 천문학적 관측과 이론의 역사적 변천을 소개하였다. 그리고 기독교인으로서 이러한 과학적 사실들을 하나님의 속성과 연결하여 고찰해 왔다. 비기독교인들에게는 천문학적 논의에서 신학적 담론으로 비약하는 과정이 소위 '퀀텀 점프'(quantum jump)처럼 당혹스럽게 느껴질 수도 있을 것이다. 그러나 이 글을 읽는 대다수의 기독교인 독자들은 이러한 연결을 은혜로 수용하리라 생각한다. 그렇다면 천문학자인 필자가 과학적 사실을 마주하며 어떻게 즉각적으로 하나님을 연상할 수 있었는지, 그리고 우주의 기원을 연구하는 학자로서 어떻게 창세기 1장 1절의 선포를 추호의 의심 없이 믿을 수 있는지에 대해 논하고자 한다. 창세기 1장 1절의 말씀에 대한 믿음이 없다면 성경을 더 이상 읽어 가기 어렵기 때문이다. 본 장에서는 이러한 논증을 이성적 논리뿐만 아니라 감성과 영성의 차원에서 다루어 보고자 한다.

스티븐 제이 굴드(Stephen Jay Gould, 1941~2002)는 1999년 저술한 *Rocks of Ages*에서 과학과 신학이 'NOMA'(Non-Overlapping Magisteria, 비중첩 교권 영역)에 해당한다고 주장하였다. 여기서 '마지스테리움'(magisterium)은 주로 가톨릭에서 교권이나 교학권, 교도권을 의미하는 용어로 사용된다. 즉, 과학과 신학은 서로 침범할 수 없는 고유한 영역을 가지고 있다는 뜻이다. 그러나 인류사를 면밀히 살펴보면 과학과 신학은 상충하는 지점에서도 서로를 보완하고 화합하며 발전해 왔다. 경험적 세계에 기반한 과학적 사실(fact)들은 궁극적 의미와 도덕적 가치를 다루는 신학적 주장들을 이해하는 데 중요한 실마리를 제공한다. 따라서 나는 이성적 경험에 기반한 감성과 영성적 접근을 통해 나의 기독교적 신앙을 학문적으로 제시해 보고자 한다.

참고로 '자연 신학'(Natural Theology)과 '자연의 신학'(Theology of Nature)의 차이를 짚고 넘어갈 필요가 있다. '자연 신학'은 인간의 이성과 자연 세계를 통해 신의 존재와 속성을 증명하려는 시도로, 성경의 계시(啓示) 대신 철학적 논증과 우주의 질서, 복잡성, 디자인 등을 근거로 삼는다. 반면 최근 논의되는 '자연의 신학'은 자연 세계를 하나님의 창조물로 간주하고 그 안에서 신의 속성을 해석하려는 접근이다. 이는 자연의 법칙과 현상을 신의 계시와 연결하며 하나님의 의도와 목적을 탐구한다. 요컨대 자연 신학이 이성을 통해 신의 존재를 증명하려 한다면, 자연의 신학은 자연을 통해 하나님의 속성을 탐구하는 데 주력한다. 본 글에서는 이 두 접근 방식을 엄격히 구분하지 않고 통합적으로 다루기로 한다.

## 2. 자연 세계와 하나님의 활동

아인슈타인(Albert Einstein, 1879~1955)은 1905년 특수 상대성이론을 통해 역사상 가장 유명한 방정식인 $E=mc^2$을 도출하였다. 여기서 $E$, $m$, $c$는 각각 에너지, 질량, 빛의 속도를 의미한다. 빛의 속도는 진공 중에서 약 30만 km/s로 항상 일정하다. 이 방정식은 질량이 에너지로, 에너지가 질량으로 상호 변환될 수 있음을 시사하며, 뉴턴 역학에서 분리되어 있던 두 물리량이 본질적으로 하나임을 밝혀냈다. 이어서 1915년에 아인슈타인은 일반상대성이론을 발표하였다. 이 이론의 핵심은 '장 방정식'(field equation)이다. 수학식으로 쓰면 $R_{\mu\nu} - \frac{1}{2} Rg_{\mu\nu} - \Lambda g_{\mu\nu} = \kappa T_{\mu\nu}$이다. 여기서 $\kappa$는 아인슈타인 중력 상수이다. 이 방정식의 등호(=) 왼쪽 항들은 시공간의 변화를 의미하고, 오른쪽 항들은 질량-에너지의 변화를 의미한다. 이 방정식을 여기서 설명하려는 것은 아니다. 다만 이 방정식의 본질적 의미는 시공간의 변화와 질량-에너지의 변화를 분리하여 생각할 수 없다는 데 있다. 시공간의 변화에 따라 질량-에너지가 변하거나 심지어는 만들어질 수도 있다. 질량-에너지의 시공간에 변화가 생긴 것이다. 따라서 우리가 고전 역학에서는 모두 구별되었던 물리량들이 상대성이론에서는 구별하기 어렵게 된다.

필자는 이러한 과학적 통찰을 바탕으로 로마서 1장 20절 상반절의 말씀을 이해하고자 한다. "창세로부터 그의 보이지 아니하는 것들 곧 그의 영원하신 능력과 신성이 그가 만드신 만물에 분명히 보여 알려졌나니"라는 말씀은 하나님의 보이지 않는 속성인 "능력과 신성"이 "만드신 만물"과 긴밀히 연결되어 있음을 시사한다. 여기서 "그"는 하나님이시기에 "창세로부터"에서 "그가 만드신"까지를 '하나님의 활동'(Divine Action)으로, "만물"을 '창조된 자연 세계'(Nature)로 정의한다면 다음과 같은 관계식이 성립한다.

$$Divine\ Action = Nature$$

고전 역학적 관점에서는 자연 세계와 하나님의 활동이 서로 무관하거나 분리된 것처럼 보일 수 있으나, 상대론적 관점에서는 이를 구별하기 어려운 하나의 통합된 실체로 보게 된다. 즉, 자연 세계를 깊이 연구하는 것은 곧 하나님의 영원한 능력과 신성을 발견하는 과정이며, 나아가 하나님께서 이 피조 세계를 창조하셨다는 확신에 이르게 한다. 이러한 맥락에서 필자는 자연 세계에 대한 탐구를 통해 창세기 1장 1절, "태초에 하나님이 천지를 창조하시니라"라는 진리를 명확히 이해하게 되었다.

이러한 이해는 필자가 기독교인이기에 가능한 것이다. 물리학의 '장'(場, field) 개념을 통해 또 다른 논증을 이어가 보자. 여기서 말하는 '장'이란 순수 우리말로 '마당'에 해당한다. 질량을 가진 모든 물체는 주변에 '중력장'을 형성하며 다른 물체와 상호작용한다. 자연계에 질량이 없는 물질은 존재하지 않으며, 심지어 질량이 없는 빛조차 에너지를 가졌기에 중력장의 영향을 받는다. 중력장은 모든 존재에게 작용하는 보편적인 인력이다. 반면 '전자기장'은 다르다. 전기장은 전하를 띤 입자들 사이에서만 작용하여 + 전하를 띠고 있는 입자가 전기장을 형성하는데, - 전하를 띤 입자가 다가오면 끌어당기고, + 전하를 띤 입자는 밀어낸다. 전하가 없는 입자는 그 영향권 안에 있어도 아무런 반응을 보이지 않는다.

중력장과 전자기장이 보여주는 자연의 모습은, 우리가 중력의 영향을 받으며 살아가듯 모든 인간이 하나님의 '장'(場) 안에 거하고 있음을 시사한다. 따라서 누구라도 하나님의 은총이라는 영향권 아래에 놓여 있는 것이며, 이러한 은총을 '일반 은총'이라 한다. 하나님께서는 선인이든 악인이든 가리지 않고 모든 이가 지구에서 생존할 수 있도록 공기를 제공하시고, 비를 내려 주시며, 땅에서 온갖 양식이 나게 하신다. 그러나 하나님의 장은 동시에 전자기장과도 같다. 하나님의 장은 곧 성령의 장이기에, 성령 충만한 기독교인은 그 영향에 민감하게 반응하여 하나님께서 성경을 통해 주시는 계시의 말씀에 감동을 받는다. 또한 성령이 역사하시는 장 안에서 하나님의 지속적인 창조 사역에 동참하게 되는데, 이를 '특별 은총'이라 한다. 반면 성령이 없는 사람은 하나님의 장 안에 있으면서도 그 작용에 반응하지 못하며 무감각한 상태에 머문다. 더 나아가 성령에 반(反)하는 영을 가진 사람은 성령의 역사에 대해 오히려 반대 방향으로 반응한다. 그들 역시 성령의 존재를 인식하기는 하지만, 성령에 반하는 영을 소유하였기에 거부 반응을 보이는 것이다.

필자는 성경이 가르치는 '성령 충만'의 의미를 이러한 물리학적 원리를 통해 깊이 깨달을 수 있었다. 물론 다른 방법으로도 이를 이해할 수 있겠으나, 성령 충만한 기독교인이라면 자연 세계를 연구하는 과정에서도 자연스럽게 하나님의 능력과 신성을 발견하게 된다. 그러므로 자연 세계에 관한 논의를 하나님과 직접 연결하는 이 논증 방식은 필자에게 지극히 타당하고 무리가 없는 과정이다. 이러한 이해를 바탕으로 창세기 1장 1절을 확고히 깨닫게 되면, 비로소 성경의 나머지 말씀을 온전히 읽어 나갈 수 있게 된다. 나아가 다양한 철학을 기반으로 전개된 신학적 내용들 역시, 그 바탕이 되는 철학적 사유를 함께 이해함으로써 더욱 깊고 의미 있게 다가오게 되는 것이다.

뉴턴(Isaac Newton, 1643~1727) 이후에도 인류가 인식하는 우주의 범위는 한동안 태양계 정도의 거리에 머물러 있었다. 1785년 윌리엄 허셜(Frederick William Herschel, 1738~1822)은 태양이 우주의 중심 혹은 그 근처에 위치한다는 '태양 중심 우주 모형'을 제안하였다. 당시에는 은하수로 이루어진 우리은하를 우주 전체로 간주하였다. [그림 6]은 허셜이 관측한 우리은하 내 별들의 분포를 도식화한 것이다. 그림의 중앙은 태양의 위치를 나타내며, 주변의 점들은 구상성단(globular cluster)[14]이 분포하는 영역이다. 그림의 왼편을 보면 별들의 분포가 두 가닥으로 갈라져 있는데, 이는 은하수 중간면에 분포하는 기체와 먼지(성간물질)가 먼 별빛을 차단하여 관측상 분리되어 보이기 때문이다. 실제 우리은하의 모습은 궁수자리 부근이 불룩하고, 그 중심에서 멀어질수록 밝기와 두께가 점차 희미해지는 구조를 띠고 있다. 태양계가 은하 중심에서 벗어난 외곽에 위치하기에 지구에서는 은하수가 띠의 형태로 보이는 것이다. 허셜의 관측에서 태양이 별들 분포의 중심에 놓인 것은 당시 망원경의 관측 한계로 인한 결과였다. 은하수 중간면의 수직 방향으로는 성간 매질의 영향이 적어 멀리 있는 별들을 볼 수 있었으나, 중간면 방향으로는 은하 중심부의 두

---

14    구상성단은 대략 1만 개 정도의 별들이 구형으로 모여 있는 별의 집단이다.

갈래 분포와 반대편의 가늘어지는 분포만을 확인할 수 있었던 것이다.

망원경을 통한 천체 관측이 정교해지면서 별 외에도 성단, 성운, 그리고 외부은하들이 관측되기 시작했다. 그러나 당시에는 외부은하 역시 우리은하 내부에 존재하는 천체로 오인되었다. 이는 1920년 섀플리(Harlow Shapley, 1885~1972)와 커티스(Heber Doust Curtis, 1872~1942)의 '대논쟁'으로 이어졌다. 섀플리는 우리은하가 우주 전체이며 안드로메다 성운 역시 은하 내 천체라고 주장한 반면, 커티스는 안드로메다와 같은 나선 성운들이 우리은하 밖에 독립적으로 존재하는 '섬우주'(Island universe)라고 반박하였다. 이 논쟁은 1929년 에드윈 허블(Edwin Powell Hubble, 1889~1953)이 안드로메다 성운까지의 거리를 측정하여 그것이 우리은하 외부에 있음을 증명함으로써 종결되었다. 이로써 우주의 경계는 은하수 너머로 확장되었으며, 당시 학계는 우주를 무한하고 정적(static)인 공간으로 인식하게 되었다.

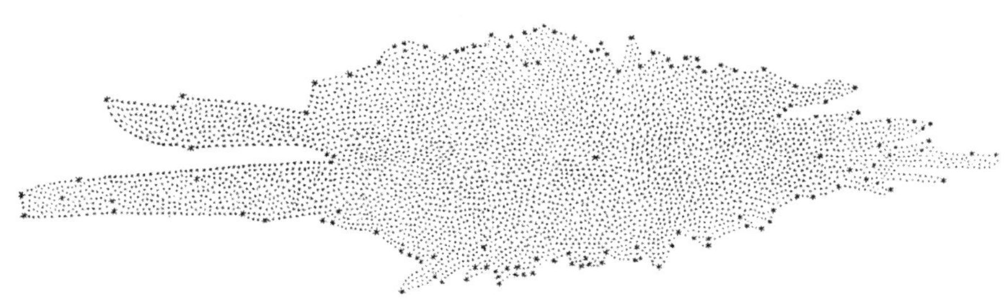

[그림 6] 윌리엄 허셜이 관측한 우주로 생각한 우리은하

아인슈타인은 1917년 그의 장방정식에 $\Lambda_E = 4\pi G\rho/c^2$ 이라는 우주 상수를 도입하여 우주의 크기가 $R_E = \Lambda_E^{-1/2} = \dfrac{c}{\sqrt{4\pi G\rho}}$ 로 유한하고, 정적인 우주 모델을 제시하였다. 여기서 $\rho$는 우주의 밀도이다. 그러나 이는 훗날 아인슈타인 스스로 인정한 실수로 드러났다. 1922년 러시아 천문학자 프리드만(Alexander Friedmann, 1888~1925)은 아인슈타인의 장방정식으로부터 유한하지만, 동적 (dynamic)인 해(解, solution)를 유도해 냈다. 그 '해'에 따르면 우주의 현재 밀도가 임계 밀도보다 높으면 우주는 팽창 후 수축하며, 우주의 기하학적 공간은 닫혀 있게 된다. 그러나 두 밀도가 같으면 우주는 팽창하는 속도의 관성에 의하여 일정한 감속 팽창을 지속하는 '편평한 우주'가 되며, 밀도가 임계 밀도보다 더 낮으면 우주는 영원히 빠르게 팽창하는 '열린 우주'가 된다.

이와는 별도로 1927년 벨기에의 가톨릭 신부이자 천문학자인 르메트르(Georges Henri Joseph Édouard Lemaître, 1894~1966) 역시 동적인 우주 모델을 도출하였고, 우주의 어떤 지점이 지구로부터 팽창하는 속도 $v$와 그 지점까지의 거리 $r$이 서로 비례한다는 결론을 얻었다. 즉 $v \propto r$의 관계를 이론적으로 유도하였다. 1929년 허블은 지구에서 상대적으로 가까운 은하들까지 거리와 후퇴하는 속도 사이에 비례 관계를 입증하며 르메트르의 이론을 뒷받침했다. 이후 이 비례 상수를 '허블 상수'라 부르고 $H$라고 쓴다. 그래서 $v=Hr$ 식을 '허블의 법칙'이라 불렀다. 그 당시 허블의 관측은 허블 상수가 500km/s/Mpc로 현재 관측값의 7배 이상이었다.

현재는 이 값이 거의 70km/s/Mpc 근처 값으로 수렴하고 있다. 르메트르의 이론적 유도와 허블의 관측은 우주가 팽창하고 있다는 사실을 보여준다. 더구나 이 상수를 이용하여 우주의 나이를 대략 $t = \frac{r}{v} = \frac{1}{H}$ 식으로 어림할 수 있다. 허블 상수의 단위를 보면 속도 단위를 거리 단위로 나눈 것이다. 따라서 허블 상수는 시간의 역수를 단위로 한다. 만약 허블 상수가 70km/s/Mpc라 하면, 우주의 나이는 대략 $t_{우주} \simeq \frac{1}{H} \simeq 140$억 년 정도가 되는데, 편평한 우주에서는 이 값의 ⅔ 정도이기에 대략 100억 년 정도가 된다. 전에는 $v = Hr$ 식을 허블의 법칙이라 불렀었는데 2018년 10월 26일, 국제천문연맹(International Astronomical Union)은 르메트르의 업적을 인정하여 '허블-르메트르 법칙'이라고 부르게 되었다. 우주 끝까지 거리를 $R$이라 하면 끝은 거의 빛의 속도 $c$로 팽창하기에 $R = \frac{c}{H} \simeq 4.286 Gpc$, 즉 대략 140억 광년에 달한다.

1948년 가모프(Georgy Gamov, 1904~1968)는 우주가 팽창한다면 과거의 어느 시점에는 모든 물질이 한 점에 모여 있는 '대폭발'(Big Bang)의 순간이 있었을 것이라고 추론하였다. 그는 초기 우주는 밀도가 아주 높고, 매우 뜨거웠을 것으로 생각했다. 따라서 우주 초기에 핵융합에 의하여 원소가 만들어질 수 있는 좋은 환경이었을 것으로 생각했다. 이러한 환경에서는 양성자와 중성자가 핵융합하여 헬륨을 만든다. 그러나 시간이 지남에 따라 우주가 단열 팽창하며 온도가 급격히 낮아졌기 때문에 더 무거운 원소들은 생성되지 못하고, 우주의 수소와 헬륨 질량비가 3:1의 비율로 고착되었다는 사실을 이론적으로 설명한 것이다. 수소와 헬륨 이외의 무거운 원소들은 대부분 별의 내부 핵융합이나 초신성 폭발을 통해 생성되었다.

칼 세이건(Carl Sagan)은 그의 저서 『코스모스』에서 "우리 DNA의 질소, 치아의 칼슘, 혈액의 철분, 애플파이 속의 탄소는 모두 붕괴하는 별의 내부에서 만들어졌다. 우리는 별의 자녀(starstuff)다"라고 표현하였다. 폴 고갱(Paul Gauguin)은 1897년 '우리는 어디서 왔고, 우리는 무엇이며, 우리는 어디로 가는가'라는 제목의 작품을 남겼다. 고갱은 그림으로 그 질문에 대한 답을 했던 것이다. 고갱의 "우리는 어디서 왔는가?"라는 철학적 물음에 대해 천문학은 "우리는 우주로부터 왔다"는 답을 제시한다. 인간의 몸을 구성하는 원소들은 우주 초기에 생성된 수소와 별의 생애 마지막 순간에 흩뿌려진 파편들로 이루어져 있기 때문이다. 우리는 우주를 탐구함으로써 자신의 기원을 이해하는 유일한 존재이며, 죽음 이후에는 다시 우주의 원소로 돌아가게 된다. 다만 우리는 오래 살아야 100년을 살지만, 자녀를 낳기 때문에 지구가 사라질 때까지 살아 있는 것과 마찬가지다.

1953년 가모프는 초기 우주의 빛이 팽창과 함께 식어 현재는 절대온도 약 7K의 흑체 복사 형태로 관측될 것이라고 예견하며 이를 '우주 배경 복사'라 명명하였다. 만약 우주 배경 복사가 관측되면 태초에 우주는 특이점(singularity)에서 대폭발하여 지금도 계속 팽창하는 우주로 관측되는 빅뱅 우주 이론이 우주를 설명하는 가장 강력한 증거가 될 것이다. 반면 1948년 프레드 호일(Fred Hoyle, 1915~2001)은 본디(Hermann Bondi, 1919~2005), 골드(Thomas Gold, 1920~2004)와 함께 우주가 팽창하더라도 새로운 물질이 계속 생성되어 밀도가 일정하게 유지된다는 '정상 상태 우주론'(Steady State Theory)을 주장하였다. 이 이론은 '연속 창조'(continuous creation)라고도 불린다. 호일은 BBC 방송에서 가모프의 이론인 팽창 우주 이론을 비웃으며 '빅뱅'(Big Bang)이라는 용어를 처음 사용했는데, 역설적이게도 이 명칭이 오늘날 팽창 우주론을 상징하는 공식 용어가 되었다.

그 이후 우주 배경 복사를 관측하기 위해 우주를 연구하는 천문학자들이 노력을 많이 기울여 왔다. 1964년 펜지아스(Arno Allan Penzias, 1933~2024)와 윌슨(Robert Woodrow Wilson, 1936)은 뉴저지주에 위치한 벨 연구소의 전파망원경을 이용하여([그림 기 참조) 하늘의 어느 방향으로도 균일하게 검출되는 잡음을 관측했는데, 이것은 라디오 잡음도 아니었고, 어떤 방법으로도 이 잡음을 제거할 수 없었다. 이들은 결국 이 잡음이 우주 배경 복사라는 결론을 내렸다. 이 발견으로 두 학자는 1978년 노벨 물리학상을 수상하였다. 우주 배경 복사는 현재 절대온도 대략 2.7K의 흑체 복사와 정확하게 일치하며, 마이크로파의 진동수(혹은 파장) 영역에서 관측된다. 따라서 우주 배경 복사를 '우주 마이크로파 배경 복사'(cosmic microwave background radiation)라고 부르기도 한다. 우주 배경 복사의 발견으로 정상 상태 우주론은 폐기되고, 빅뱅 우주론이 현재 우주를 잘 설명하는 이론으로 정립되게 되었다.

빅뱅 우주론은 시간이 지남에 따라 내재 되어 있던 여러 문제를 하나씩 해결하면서 '표준 빅뱅 이론'(Standard Big Bang Theory)이라 불리게 되었고, 현재는 우주를 가장 잘 설명하는 이론 체계가 되었다. 현재의 물리학 이론으로는 $t=0$인 시점, 즉 시간과 공간이 존재하지 않던 특이점에서 우주가 어떻게 시작되었는지 설명 불가능하다. 그러나 빅뱅 우주론에 따르면 특이점에서 폭발적으로 (Big Bang에 의해) 시공간이 생성되어 지금까지 팽창해 왔다. 따라서 우주에는 명확한 '시작'이 존재한다. 그때부터 시간과 공간이 시작되었다. 이는 창세기 1장 1절의 선언, 곧 "태초에

[그림 7] 펜지아스와 윌슨이 우주 배경 복사를 최초로 관측한 뉴저지에 위치한 벨 연구소의 전파망원경

하나님께서 천지를 창조하시니라"와 절묘하게 맞닿아 있다. "태초에"는 시간의 시작을, "천지"는 공간과 물질의 시작을 의미하기 때문이다.

과학은 우주가 시작된 메커니즘을 '우연' 혹은 '물리 법칙'으로 설명하지만, 기독교 신앙은 그 시작을 하나님의 '필연적 창조'로 고백한다. "태초에 **하나님이** 천지를 창조하시니라"라는 고백이 우리의 신앙이 되는 것이다. 모든 사람은 부모의 사랑 안에서 어머니 뱃속에서 아홉 달 동안 잉태된 후에 세상에 태어난다. 사람의 출생을 과학적으로 설명할 수 있지만, 그 이면에 하나님의 선택과 섭리가 존재한다고 말할 수 있다. 빅뱅 우주론을 공부한 필자는 천문학자면서 기독교인이기에 성령의 감동으로 창세기 1장 1절이 앞에서 언급한 이성과 감성, 영성으로 이해가 되었다. 결국 빅뱅 우주론은 내가 성경을 읽는 데 아무런 불편함을 주지 않는다. 오히려 창조과학에서 주장하는 젊은 지구 창조론이 현대 천문학에서 통용되는 빅뱅 우주론과 공존하기 불가능하고, 현재 천문학자들 가운데 누구도 받아들이지 않는 비과학적 주장에 불과하다.

## 4. 나가면서

자연 세계를 연구하면 할수록 자연이 우리에게 보여주는

경이로움에 감동하고 놀라게 될 뿐만 아니라, 로마서 1장 20절 상반절 말씀을 통해 '자연 세계(Nature)=하나님의 활동(Divine Action)'이라는 논리적 정식을 얻게 된다. 이를 통해 자연이 곧 하나님의 활동임을 영적으로 깊이 이해하게 되는 것이다. 기독교인이자 천문학자인 필자는 이처럼 이성과 감성, 그리고 영성을 통합하여 하나님께서 이 세상을 창조하셨으며, 지금도 피조 세계 속에서 지속적인 창조 사역(Continuous Creation)을 이어가고 계심을 확신한다.

빅뱅 우주론이 정립되기까지 천문학자들은 수많은 시행착오를 거치며 우주의 진리에 단계적으로 접근해 왔다. 여기에서도 학문의 '핍진성'(verisimilitude)은 여실히 드러난다. 현재 과학이 제시하는 여러 결론은 가설을 넘어 사실에 기반하여 진리에 다가가는 과정이다. 만약 누군가 특정 이론이 완결된 진리라고 성급히 주장한다면, 우리는 그 주장을 대단히 비판적으로 성찰해야 한다. 진리라는 종착역에 그렇게 쉽게 도달했다고 단언하는 것은 학문적으로 어불성설(語不成說)이기 때문이다. 지난 2,000년 동안 수많은 신학자가 하나님을 연구해 왔음에도 불구하고 그 탐구가 그치지 않는 것은, 신학 역시 진리에 인접해가는 핍진성의 여정에 있음을 보여준다. 따라서 스스로를 완결된 진리라 강변하는 '젊은 지구 창조론'이나 '6일 창조설'은 더 이상 진리의 범주에 머물기 어렵다.

더 나아가 생명과학 분야에서 다루는 '개정된 진화 이론'(Revised Evolution Theory) 또한 마찬가지이다. 필자가 그 세부적인 내용을 다 알 수는 없으나, 분자생물학의 발전과 더불어 진화 이론 역시 생명과학자들에 의해 점진적으로 발전하고 있다는 점은 분명하다. 물론 그 안에도 여전히 해결해야 할 난제들이 산재해 있을 것이다. 그러나 필자는 이 또한 진리에 가까워지는 과정이라고 생각한다. 현재의 이론에 한계가 있다는 이유로 '오랜 지구 창조론자'들은 진화 이론 자체를 부정하곤 한다. 신념에 따라 이를 인정하지 않는 것은 개인의 자유일 수 있으나, 오랜 세월 학문적 엄밀함을 지키기 위해 노력해 온 생명과학자들의 연구 성과는 마땅히 존중받아야 한다. 생명과학자들은 학술 공동체 내에서 자신의 연구 결과를 동료 학자들에게 혹독하게 비판받고 검증받는 과정을 거친다. 만약 오랜 지구 창조론자들이 진화 이론을 대체할 만한 다른 주장을 가지고 있다면, 폐쇄적인 진영 논리에 머물 것이 아니라 생명과학자들의 학술적 장(場)으로 나와 엄중한 비판과 검증의 과정을 거쳐보기를 바란다. 그것이 바로 학문이 진리를 향해 나아가는 정직한 방법이기 때문이다.

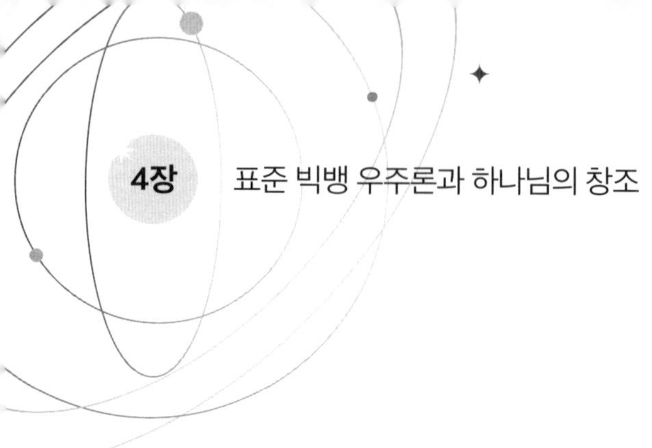



## 1. 들어가기

이 글에서는 지난 50년 동안 빅뱅 우주론이 현대 천문학에서 어떻게 표준 빅뱅 우주론으로 정립되어, 오늘날 모든 천문학자가 인정하는 우주 설명 체계가 되었는지 고찰해 보고자 한다. 과학에서 다루는 이론 체계나 모델은 당대의 자연 현상을 훌륭히 설명해 낼지라도, 그 자체가 곧 완전한 진리는 아닐 수 있다. 앞서 언급하였듯이 프톨레마이오스의 천동설 모형이나 튀코 브라헤의 혼합 모형(Geo-Heliocentric model)은 실제 우주의 구조와는 다르지만, 일월오행성(태양, 달, 수성, 금성, 화성, 목성, 토성)의 위치를 추보하는 데 있어서는 조금도 부족함이 없었다. 그렇지만 태양계 모델의 진리는 지동설이며, 행성의 궤도 또한 코페르니쿠스가 상정했던 이심원(eccentric circle)이 아닌 타원(ellipse)이다.

따라서 경험적 관측 사실(fact)에 기반하여 구축된 모델이나 이론 체계가 반드시 궁극적인 진리(truth)와 일치하는 것은 아니다. 하지만 자연과학은 과학자 공동체를 통해 연구 결과를 발표하고, 혹독한 비판과 검증 과정을 거치며 학계가 공인하는 결론을 도출해낸다. 즉, 최초의 연구 결과가 진리와 거리가 멀지라도 시간이 흐르며 연구 성과가 축적됨에 따라 진리에 점진적으로 다가가게 되는 것이다. 이를 학술적으로 '핍진성'(逼眞性, verisimilitude)이라 한다.

앞으로 서술할 표준 빅뱅 우주론의 정립 과정을 살펴보면, 50년 전 제안되었던 초기 빅뱅 우주론이 얼마나 정교하게 다듬어졌으며 현재 관측되는 여러 우주 현상을 어떻게 논리적으로 설명해 나가는지 알 수 있다. 이 과정은 학문적으로 매우 흥미로울 뿐만 아니라, 신앙적으로는 하나님의 창조 사역이 이 우주 가운데 얼마나 신묘막측하게 이루어졌는지를 깊이 체감하는 감동적인 여정이 될 것이다.

## 2. 급팽창 우주론 (Inflation Theory)

50년 전 우주 배경 복사가 발견됨에 따라 정상 상태 우주론은 폐기되었고, 빅뱅 우주론이 현대 천문학의 정설로 자리 잡았다. 그러나 초기 빅뱅 우주론 역시 몇 가지 근본적인 문제점을 안고 있었다.

　첫째는 '지평선 문제'(Horizon Problem)이다. 이는 우주가 모든 방향에서 놀라울 정도로 균일하게 관측되는 이유(등방성)를 설명하지 못하는 문제이다. 여기서 지평선은 우주의 끝을 의미하는데, 서로 반대 방향에 위치하여 빛의 속도로 멀어지는 두 지점은 물리적으로 상호 교신(mutual communication)이 불가능하다. 그런데도 우주의 양 끝이 어떻게 동일한 온도와 밀도를 유지하며 등방적으로 관측될 수 있는가 하는 의문이 제기되었다.

　둘째는 '편평도 문제'(Flatness Problem)이다. 관측에 따르면 우리 우주는 기하학적으로 매우 편평한 구조를 지니고 있다. 우주가 초기부터 아주 미세하게라도 편평하지 않았다면, 시간이 흐름에 따라 그 곡률이 증폭되어 현재와 같은 편평함을 유지하기란 불가능하다. 그런데 당시 관측된 물질의 밀도는 임계 밀도의 약 5%에 불과하여, 이론적으로는 열린 우주여야 함에도 실제 우주는 왜 편평하게 관측되는지가 난제로 남아 있었다.

　이러한 문제들을 해결하기 위해 1980년경 앨런 구스(Alan Harvey Guth, 1947~)는 우주 초기(빅뱅 후 $10^{-36}$초부터 $10^{-33}$~$10^{-32}$초 사이 기간)에 '급팽창'(inflation)이 있었다는 이론을 제시했다. 그때 부피 변화는 무려 $10^{78}$배 이상에 달한다. 이를 실감하려면 $0.1\mu m$ 크기의 아메바가 아주 짧은 시간($10^{-32}$초 이내)에 우리은하 크기만큼 늘어난 것과 같다. 이때 공간 자체가 확장되는 속도는 물리적 실체의 이동이 아닌 공간의 위상 변화이므로, '위상 속도'(phase velocity)가 빛의 속도를 초과하더라도 상대성 이론과 모순되지 않는다.

앨런 구스는 우주에 양의 에너지를 가진 '가짜 진공'(false vacuum) 상태의 장이 존재했다면, 일반 상대성 이론에 따라 공간이 폭발적으로 팽창할 수 있음을 이론적으로 규명하였다. 또한, 급팽창 영역 내에서 발생한 미세한 '양자 섭동'(quantum fluctuation)이 우주 거대 구조를 형성하는 씨앗이 되었다고 설명하였다. 오늘날 우주 배경 복사에서 관측되는 $10^{-5}$도 정도의 미세한 온도 변화 요동(perturbation)을 보이는 것이나[그림 9] 혹은 [그림 11] 참조), 외부은하들의 위치 관계로 추적한 '우주 거대 구조'(large-scale structure of the cosmos)가 보여주는 그물망과 같은 모습([그림 8] 참조)이 바로 이때의 양자 섭동으로부터 기인하였다고 본다.

급팽창한 우주의 지극히 일부분(부피로는 $\sim 10^{-78}$, 길이로는 $\sim 10^{-26}$)이 현재 우리가 관측할 수 있는 우리 우주의 전체 범위가 되었다. 이 모델에 따르면 우리 우주 너머에는 수없이 많은(약 $\sim 10^{78}$개 이상의) 다른 우주가 존재할 수 있다는 '다중 우주 이론'으로 이어진다. 급팽창 이론에 의하면, 우주 전체가 어떤 기하학적 구조를 가졌더라도 우리가 속한 아주 작은 부분은 등방적이고 편평할 수밖에 없다. 이로써 빅뱅 우주론의 숙제였던 지평선 문제와 편평도 문제가 이론적으로 명쾌하게 해결되었다. 비록 급팽창 우주론은 아직 직접적으로 관측되지 않은 이론적 가설의 성격이 강하지만, 천문학자들은 급팽창 시기에 발생한 중력파의 '편광'(polarization) 현상을 포착함으로써 이 이론을 입증하기 위해 노력하고 있다. 급팽창의 증거를 찾는 것은 우주의 기원을 이해하는 또 하나의 핍진성 있는 발걸음이 될 것이다.


## 3. 우주 배경 복사


1965년 펜지아스(Arno Allan Penzias, 1933~2024)와 윌슨(Robert Woodrow Wilson, 1936~)이 관측한 우주 배경 복사는 매우 등방적인 특성을 보였다. 이는 우주 아주 초기에 일어난 급팽창(inflation)의 결과로 이해된다. 만약 우주 배경 복사가 완벽하게 등방적이어서 온도의 요동(fluctuation)이 전혀 존재하지 않는다면, 현재 우

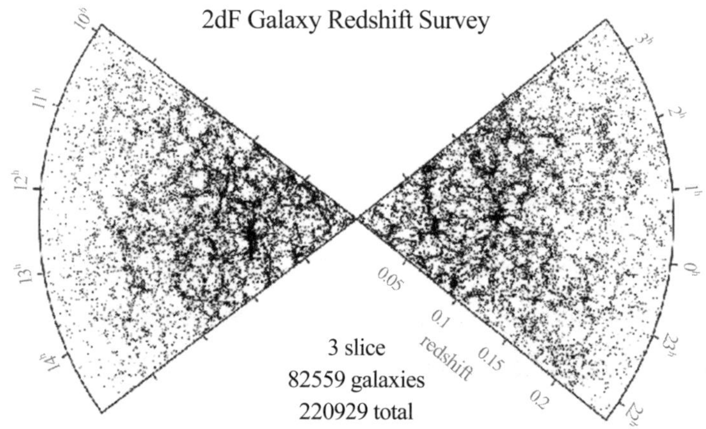


[그림 8] 2dF Galaxy Redshift Survey로부터 은하의 적색편이와 적경(적위 범위는 3°)에 따른 은하들의 공간 분포(Colless 등, 2004) 지구에서 1Gpc 정도 범위.

리가 목도하는 우주 거대 구조([그림 8] 참조)는 형성될 수 없었을 것이다. 이론적으로는 우주 배경 복사의 온도 요동이 절대온도 ~$10^{-5}$도 정도에 달할 때, 중력 섭동(gravitational perturbation)에 의해 우주 거대 구조가 만들어질 수 있다고 알려져 있다.

1989년 미국은 우주 배경 복사를 관측하기 위한 우주망원경(Cosmic Background Explorer, COBE)을 발사하여 전천(全天)의 우주 배경 복사를 관측하였는데, 그 결과 [그림 9]와 같이 ~$10^{-5}$도 수준의 미세한 온도 요동을 확인했다. 이에 우주 배경 복사가 절대온도 2.725도(섭씨 -270도 수준)를 가진 흑체 복사와 정확히 일치한다는 사실을 밝혀 냈다. 다만 COBE 이미지는 분해능이 낮아 온도 요동의 분포가 선명하게 드러나지는 않았다.

이후 2001년 발사된 또 다른 우주 배경 복사 관측 우주망원경(Wilkinson Microwave Anisotropy Probe, WMAP)은 COBE보다 훨씬 높은 분해능으로 우주 배경 복사 이미지를 전송했다. 특히 이 관

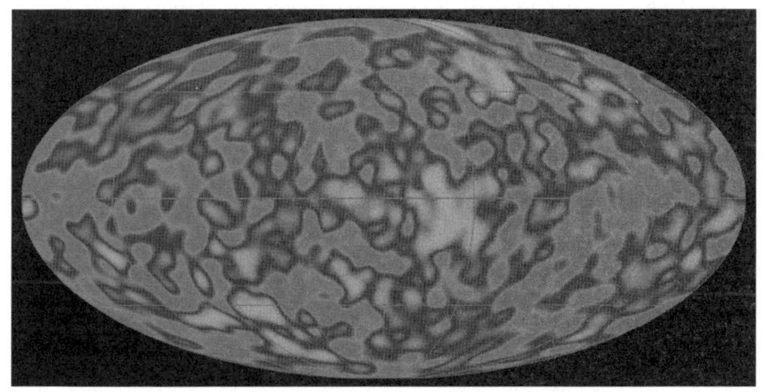

[그림 9] COBE위성이 관측한 전천의 우주 배경 복사

측 자료는 우주의 진화를 설명할 수 있는 $\Lambda$–$CDM$[15] 모델과 일치했다. 이 관측을 통해 우주의 나이가 약 $137.72 \pm 0.59$억 년이며, 허블 상수 $H$는 $69.32 \pm 0.80 km/s/Mpc$라는 구체적인 수치를 얻었다. 2009년에 발사된 세 번째 우주 배경 복사 관측 우주 망원경(Planck 위성)을 통해 더 정교한 해상도로 전천 이미지를 획득하였다[그림 11] 참조). [그림 10]에서 보듯 세 위성이 관측한 온도 요동 이미지를 비교하면, 분해능의 비약적인 발전으로 인해 플랑크 위성의 이미지가 가장 선명하고 깨끗하다.

결국 우주 배경 복사의 정교한 관측 데이터([그림 11] 참조)를 바탕으로 수행된 컴퓨터 시뮬레이션은 현재의 우주 거대 구조가 어떻게 형성되었는지를 이론적으로 완벽히 소명해 냈다. 초기의 빅뱅 우주론은 이렇듯 급팽창 이론과 정밀한 우주 배경 복사 관측이 더해지며 우주 전체의 진화를 가장 잘 설명하는 체계로 진화해 온 것이다.

빅뱅 후 30만 년에서 50만 년이 경과하면 우주의 온도는 절대온도 3,000도(섭씨 2,727도 수준) 정도로 낮아진다. 이보다 온도가 높은 시점의 우주는 빛과 전자, 수소 및 헬륨 원자핵이 뒤섞인 플라즈마 상태에 있고, 빛은 자유 전자와의 잦은 산란으로 인해 외부로 빠져나오지 못한 채 갇혀 있었다. 그러나 우주가 팽창을

---

15    $\Lambda$는 암흑 에너지를 의미하고, $CDM$은 cold dark matter, 즉 차가운 암흑 물질이라는 의미이다.

 어느 천문학자의 신앙과 신학적 사유

거듭하여 온도가 낮아져 절대온도 3,000도 정도로 낮아지면 빛
의 에너지는 더 이상 중성 수소와 헬륨 내의 전자를 전리(ioniza-
tion)시킬 만큼 강하지 않게 되었다. 이로 인해 전자가 원자핵과
결합하여 중성 원자를 형성하면서 빛은 전자로부터 자유로워져

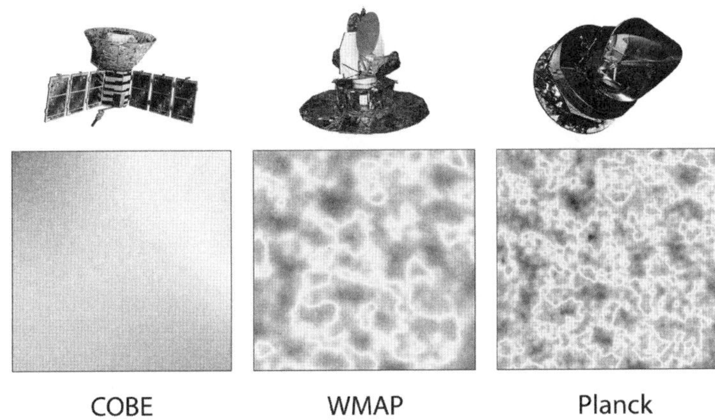



[그림 10] COBE, WMAP, Planck 위성이 전천에서 동일한 부분을 관측한 우주 배경 복사 분포

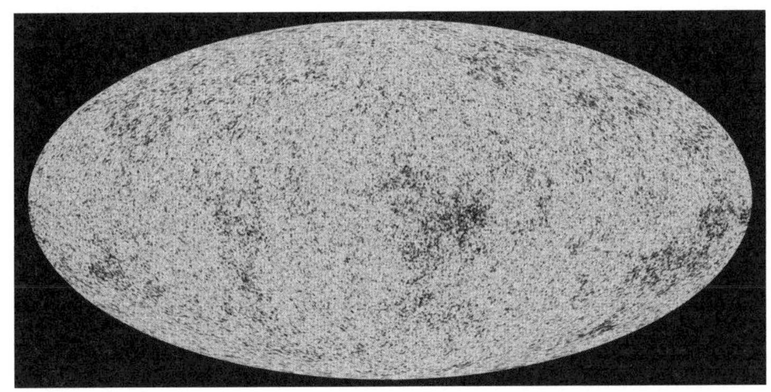

[그림 11] Planck 위성이 관측한 우주 배경 복사의 비등방성

우주 공간으로 퍼져 나가게 되었다. 이것이 바로 우주에서 우리가 관측할 수 있는 최초의 빛이며, 오늘날 [그림 11]과 같은 우주 배경 복사로 관측되는 것이다. 즉, [그림 11]의 이미지는 빅뱅 후 약 30~50만 년이 지난 시점의 우주 모습인 셈이다.

창세기 1장 2절과 3절의 말씀을 다시금 묵상해 본다. 2절은 "땅이 혼돈하고 공허하며 흑암이 깊음 위에 있고 하나님의 영은 수면 위에 운행하시니라"라고 기록되어 있으며, 이어지는 3절은 "하나님이 이르시되 빛이 있으라 하시니 빛이 있었고"라고 선포한다. 이 문장을 마주하며 천문학자인 필자는 가장 먼저 초기 지구의 풍경을 상상했다. 2절이 묘사하는 모습은 용융 상태였던 지구가 식어가며 육지와 바다가 형성되던 초기 지질 시대와 맞닿아 있다. 당시 지구는 두꺼운 구름층으로 가득 덮여 하늘로부터 내려오는 빛이 차단된, 깊은 어둠의 상태였을 것이다. 만약 그 자리에 관측자가 있었다면 모든 것이 공허하고 극도로 혼돈스럽게 보였겠지만, 동시에 무언가 새로운 생명이 태동하려는 기운 또한 감지되었을 것이다. 즉, 이 구절은 생명체가 등장하기 전 초기 지구의 원시적 상태를 정교하게 묘사한 것으로 풀이된다. 이후 3절에 이르러, 시간이 흐름에 따라 태양빛이 마침내 두꺼운 구름층을 뚫고 지구 표면으로 들어오기 시작한다. 태양은 지구에 에너지를 공급하는 근원이며, 에너지가 존재해야만 비로소 생명의 태동이 가능해진다. 그런 의미에서 이 빛은 단순한 물리적 현상을 넘어선 '생명의 빛'이라 할 수 있다.

필자는 여기서 한 걸음 더 나아가 이러한 사유를 우주 전체로 확장해 보았다. 2절의 '땅'을 '우주'로 생각해 보자. 우주가 혼돈하고 공허하며 흑암이 깊음 위에 있었다는 서술은, 마치 [그림 4]의 우주 배경 복사가 방출되기 전인 초기 우주의 모습을 연상시킨다. 또한 우주 배경 복사의 미세한 온도 요동에 의한 비등방성은 오늘날 우리가 관측하는 우주 거대 구조를 형성하게 했고, 그 결과 수천억 개의 외부 은하와 우리은하, 그리고 태양계가 탄생할 수 있었다.

우주 배경 복사가 나타나기 전의 우주는 빛이 물질에 갇혀 있어 어둡고 혼돈(chaotic)하며 공허한 상태였다. 그러나 우주 배경 복사가 방출되며 빛이 우주로 퍼져 나가자 비로소 '우주의 르네상스'가 시작되었다. 우주 배경 복사의 온도 요동은 장차 전개될 모든 우주 구조의 모태이며, 그 안에는 지구상의 생명체는 물론 우주를 연구하고 이해하려 애쓰는 유일한 존재인 인간에 대한 설계까지 담겨 있다. 신앙고백적으로 표현하자면, 하나님의 영께서 우주 전체가 지금과 같은 질서를 갖추도록 거대한 밑그림을 그리시는 듯한 형상이다.

또한 하나님은 우주 배경 복사라는 빛을 우리에게 보내시어, 인류가 그 빛을 관측하고 우주의 기원을 추적할 수 있게 하셨다. 하나님께서 "빛이 있으라" 명하시니 빛이 있게 되었다는 말씀은 이렇듯 과학적 실재와도 깊이 공명한다. 따라서 4절 상반절의 "빛이 하나님이 보시기에 좋았더라"라는 말씀은 더욱 특별한 의미로 다가온다. 이 빛이 존재함으로써 천문학적으로 물질이 응집될 수 있었고, 그로부터 지구가 만들어졌으며, 최종적으로 생명과 인간이 탄생하여 광활한 우주를 탐구하며 창조주를 찬양할 수 있게 되었기 때문이다. 하나님께서 보시기에 좋았던 이유는 바로 이 경이로운 창조의 연쇄 고리가 빛으로부터 시작되었기 때문일 것이다.


## 4. 우주의 초기 진화

빅뱅 후 30~50만 년 사이의 시기는 전자기파를 통한 직접적인 관측이 불가능하다. 따라서 이 구간에서 일어난 사건들은 오직 이론적 모델을 통해 추론하며, 이를 입자 가속기 실험을 통해 검증한다. 1972년 필자가 일반 물리학 강의를 처음 수강할 당시, 강의를 맡으셨던 권숙일 교수께서는 향후 물리학이 밝혀내야 할 세 가지 궁극적 목표로 '우주의 궁극', '입자의 궁극', 그리고 '생명의 궁극'을 꼽으셨다. 50여 년이 흐른 지금, 우주의 궁극과 입자의 궁극은 사실상 하나의 연구 분야로 통합되었다. 생명의 궁극 또한 분자생물학의 발전과 함께 점차 그 실체에 접근하고 있다. 현대 물리학에서 입자의 궁극을 설명하는 이론 체계는 '표준 이론'(standard theory)이다.

우주가 팽창하며 온도가 낮아짐에 따라, 태초의 우주는 대칭 상태에서 비대칭 상태로 전이되었다[그림 12] 참조). 거의 태초에 초중력(supergravity)이라는 하나의 통합된 힘으로 존재하던 우주 에너지는 급팽창을 거치며 중력이 가장 먼저 분리되었고, 이어 강한 핵력이 분리되면서 중력자, 렙톤, 쿼크가 형성되었다. 이후 약한 핵력과 전자기력이 서로 분리되면서 뉴트리노, 전자, 양전자 등이 생성되었으며, 최종적으로 쿼크들이 결합하여 양성자와 중성자를 구성하게 되었다. 빅뱅 후 약 3분이 지나서야 비로소 우리가 아는 수소와 헬륨 원자핵이 약 3:1의 질량비로 형성되었으며, 이 비율은 현재까지도 일정하게 유지되고 있다. 급팽창 이후 우주는 서서히 팽창을 지속하였으나, 공간

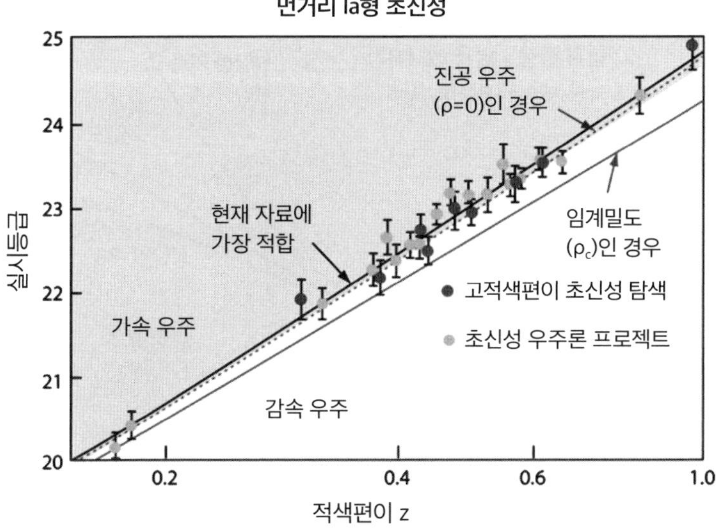


[그림 12] 두 천문학자 그룹이 관측한 Ia형 초신성의 실시 등급과 적색편이(초신성까지 거리를 의미) 분포

의 확장에 따라 빛의 파장이 길어지는 '우주론적 적색편이' 현상
이 발생하였다. 빛은 파동이면서 동시에 입자성을 띠기에 '빛 알
갱이'(Photon, 광자)라고도 불리는데, 팽창에 의해 개별 광자의 에
너지는 감소하였으나 광자의 총량 자체는 보존되었다. 초기 우
주에서는 빛의 에너지 밀도가 물질의 밀도보다 높았기에 이 시
기를 '복사 시대'(Radiation Dominated Era)라고 부른다. 그 이후에
는 우주가 팽창함에 따라 단위 부피당 빛의 양이 감소하는 비율
($1/R^4$로 감소)이 물질의 양이 감소하는 비율($1/R^3$로 감소)보다 컸기에,
결국 물질의 밀도가 빛을 압도하는 '물질 시대'로 전환되었다. 이
'물질 시대'는 빅뱅 후 거의 90억 년 정도까지 지속되었다.

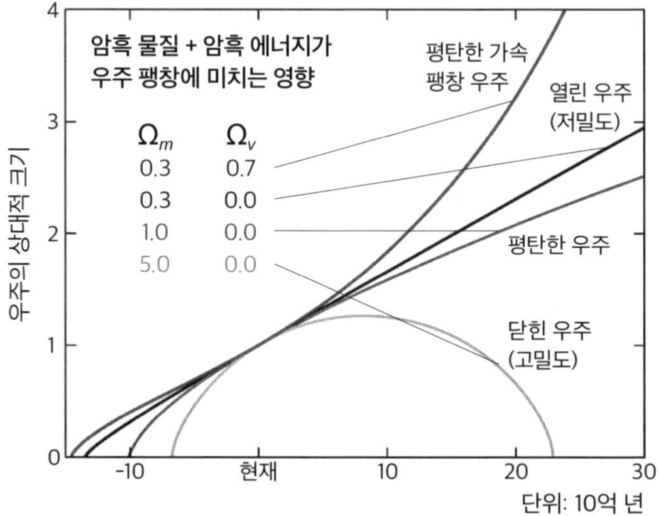


[그림 13] 암흑 물질과 암흑 에너지의 밀도 분포에 따른 우주 팽창 곡선. 편평(Flat)하
고 가속하는 우주가 우리 우주. (출처: Northern Arizona University Lectures)

## 5. 가속 팽창 우주론

한동안 빅뱅 우주론은 우리 우주를 완벽하게 설명하는 이론 체계로 여겨졌다. 그런데 만약 우주 배경 복사 관측 결과처럼 우리 우주가 편평하고 허블 상수의 값이 대략 70km/s/Mpc라면, 우주의 나이는 대략 100억 년[16]이라는 결론에 도달한다. 그런데 별의 진화를 설명하는 이론을 통해 산출한 우리은하 내 구상성단들의 나이가 100억 년을 상회하는 경우가 빈번하다는 점이었다. 그렇다면 그런 구상성단은 빅뱅 전에 존재했었다는 의미가 되기에 모순이 된다. 이는 우리가 알고 있는 별의 진화 이론이 잘못되었거나, 아니면 우주의 나이가 계산된 것보다 훨씬 더 많아야 함을 시사했다.

이 난제는 1998년경 두 천문학자 그룹이 수행한 'Ia형 초신성' 관측을 통해 해결되었다. Ia형 초신성은 최대 밝기일 때 광도가 일정하여 우주의 거리를 측정하는 '표준 촉광'으로 활용된다. 아주 먼 거리에 위치한 초신성들을 관측한 결과, 우주는 단순히 팽창하는 것이 아니라 가속하며 팽창하고 있다는 사실이 밝혀졌다([그림 12, 13] 참조). 관측 데이터는 감속 팽창이 아닌 가속 팽창 우주 모델과 정확히 일치하였다. 이 관측을 통해 천문학자들은 우주의 전체 에너지 밀도가 편평한 우주를 의미하는 임계 밀도와

---

16  편평한 우주에서 우주의 나이(age)는, $H \simeq 70km/s/Mpc$일 때, $2/(3H)=93.124$억 년으로 계산된다.

일치함을 재확인하였다. 동시에 전체 에너지의 약 70%는 가속 팽창을 일으키는 정체불명의 '암흑 에너지'(Dark Energy)이며, 약 25%는 빛과 상호작용하지 않는 '암흑 물질'(Dark Matter), 그리고 우리가 관측할 수 있는 일반 물질은 단 5%에 불과하다는 사실을 밝혀냈다. [그림 13]은 암흑 물질과 암흑 에너지의 밀도 분포에 따른 우주 팽창 곡선을 보여준다. 가장 위에 위치한 곡선이 우리 우주를 나타내는 편평하지만, 가속 팽창하는 우주를 보여준다. 이 계산에 따르면 우주의 시작은 현재로부터 대략 138억 년 전 이다. 그러나 물질만 있는 편평한 우주의 경우에는 약 100억 년 전에 생성되었다. 닫힌 우주의 경우 우주의 나이가 100억 년보 다 훨씬 적다. 이제 100억 년 이상의 나이를 가진 구상성단의 나 이 문제가 해결되었다. 아주 오래된 구상성단이라 할지라도 우 주의 나이보다 적다. 이제 우리 우주는 편평하지만, 가속 팽창하 는 우주임이 확증된 것이다.


## 6. 표준 빅뱅 우주론의 성립

초기 빅뱅 우주론에 제기되었던 지평선 문제와 편평도 문 제는 우주 아주 초기에 발생한 급팽창(inflation) 이론으로 해결 되었다. 급팽창의 실재 여부는 아직 관측적으로 미해결 상태이 나, 과학의 진보와 더불어 머지않아 규명될 것으로 기대된다. 물론 $t=0$의 기점에서 이 우주가 구체적으로 어떻게 시작되었는지는 현대 물리학의 지식으로 파악하기가 어렵다. 그러나 $10^{-45}$초[17] 이후의 우주 초기는 적어도 이론적으로는 우주가 어떻게 시간에 따라 변화했는지(이를 천문학에서는 우주의 진화라고 부른다)를, 입자의 궁극을 설명하는 표준이론과 입자 가속기 실험을 통해 알게 되었다. 더불어 먼 거리에 위치한 Ia형 초신성 관측은 우리 우주가 현재 가속 팽창하고 있음을 실증하였다. 가속 팽창 우주는 암흑 에너지와 암흑 물질의 존재를 전제하며, 이를 고려한 우주 팽창 이론 모델인 $\Lambda-CDM$ 모델은 우주 배경 복사로부터 현재 우리가 관측하는, 수많은 은하가 만들어 내는 우주 거대 구조를 재현해 냈다. 이 모든 이론과 관측 성과를 집대성하여 우주를 설명하는 체계가 바로 **'표준 빅뱅 우주론'**이며, 현재 천문학계에서 이보다 우주를 명확히 설명하는 이론은 존재하지 않는다. 표준 빅뱅 우주론은 시공간의 명확한 시작을 상정하며, 우주가 진화하는 동안 지속적으로 구조를 변화시켜 왔음을 보여준다. 그 기나긴 여정 속에서 우주의 아주 작은 공간에 태양계가 형성되었고, 그 안에 지구와 달 계를 두어 생명이 태동하고 인류가 존재하게 되었다. 이것이 바로 우리가 발을 딛고 서 있는 우주의 실체이다.

　학문적으로 표준 빅뱅 우주론은 진리에 끊임없이 근접해가는 핍진성을 보여준다. 또한 신앙고백의 차원에서 이는 하나님

---

17　이 시간을 플랑크 시간 척도(Planck time scale)라 부른다. 현재의 물리학 이론으로는 설명 불가능한 한계 시간이다.

께서 우주를 창조하시고, 그 안에 생명이 깃들어 인류가 우주를 연구하고 보살피도록 섭리하시는 '계속 창조'(*creatio continua*)의 과정을 드러낸다고 볼 수 있다.


## 7. 나가면서

이 글의 흐름을 통해 천문학자들이 이론적 한계에 봉착했을 때 이를 어떻게 해결해 나가는지 그 궤적을 엿볼 수 있다. 과학의 역사에서 대립하는 이론들은 새로운 관측 사실이 등장함에 따라 검증을 거치게 되며, 오직 관측을 온전히 설명해내는 이론만이 살아남는다. 때로는 기존의 모든 이론이 폐기되기도 한다. 우주론의 역사에서도 정상 상태 우주론은 도태되었고 빅뱅 우주론이 최후의 정설로 남았다. 물론 빅뱅 이론 역시 초기부터 완벽했던 것은 아니다. 문제가 발생할 때마다 천문학자들은 정밀한 관측과 이론적 보완을 거듭하며 이론의 토대를 더욱 견고히 다져왔다.

임레 라카토스(Lakatos Imre, 1922~1974)는 과학 이론이 단순한 검증의 대상을 넘어, 변칙 사례에 직면했을 때 어떻게 진화하는지를 설명하는 '연구 프로그램'(Research Program) 개념을 제안하였다. 이 프로그램은 두 가지 핵심 요소로 구성된다. 프로그램의 중심이 되는 변하지 않는 이론적 토대를 '핵'(Hard Core)이라 하며,

이 핵을 보호하기 위해 주변에 배치된 가변적인 가설들을 '보조 가설'(Auxiliary Hypothesis) 혹은 '보호대'라고 부른다.

과학자는 변칙 사례를 마주했을 때 핵심 이론인 핵을 즉각 포기하는 것이 아니라, 보조 가설을 수정하거나 보강하여 핵을 방어하는 방식으로 이론을 발전시킨다. 이는 과학 이론이 오류 가능성을 내포하고 있음을 인정하는 동시에, 과학이 단순한 진리의 발견이 아니라 지속적인 수정과 보완의 과정임을 강조하는 것이다. 라카토스는 칼 포퍼의 반증 가능성과 토마스 쿤의 패러다임 전환 개념을 통합하여 과학적 탐구의 복잡성을 탁월하게 설명하였다. 표준 빅뱅 우주론이 완성되어가는 과정은 바로 이러한 라카토스의 방법론을 전형적으로 보여준다.

우리는 우주를 연구하고 있지만, 여전히 우주의 시작과 생명의 기원에 대해서는 온전한 해답을 얻지 못했다. 그러나 이러한 거대한 우주를 관측하고 사유하는 인류는 분명히 존재한다. 브랜든 카터(Brandon Carter, 1942~)는 이를 설명하기 위해 '인류 원리'(Anthropic Principle)를 제안하였다. 이 원리는 지적 생명체인 인간의 존재가 우주의 물리적 조건을 규정한다는 통찰을 담고 있다. 우리가 관찰하는 우주가 지적 생명체가 존재할 수 있는 정교한 환경을 제공하는 것은 결코 우연이 아니며, 우주 상수와 같은 물리량들이 생명 탄생에 적합하도록 미세하게 조정되어 있다는 것이다.

지적 생명체가 존재할 수 있는 우주적 조건을 당연한 전제로 인정하는 것을 '약한 인류 원리'라 하며, 더 나아가 우주가 지적 생명체를 존재하게 하기 위해 특정한 방식으로 존재해야만 했다고 주장하는 것을 '강한 인류 원리'라 한다. 인류 원리는 과학적 탐구와 철학적 질문을 잇는 가교 역할을 수행하며, 일부 신학자들은 이를 하나님의 존재와 설계에 관한 강력한 논거로 활용하기도 한다. 인류 원리는 천문학적 관측에서 파생된 중요한 개념으로서 우리가 존재하는 이유와 우주의 특성을 연결하여 이해하는 데 유용한 틀을 제공한다. 비록 이 원리가 엄밀한 의미의 과학 법칙이라기보다는 긍정과 부정의 측면을 동시에 지닌 철학적 원리에 가깝지만, 현대 우주론에서 인류의 위치를 성찰하는 데 있어 매우 유의미한 시사점을 던져준다.

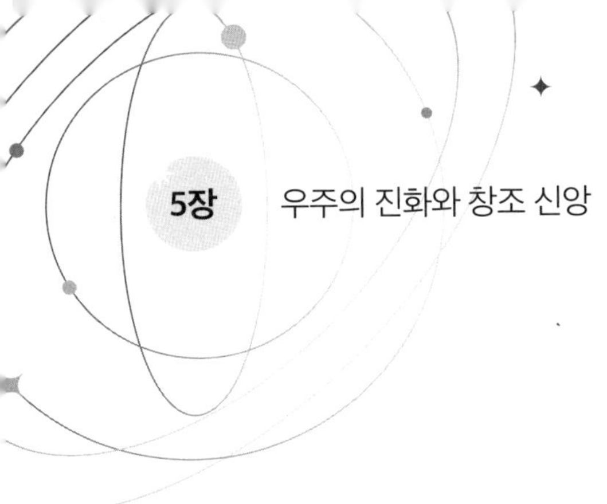

# 5장 우주의 진화와 창조 신앙

## 1. 들어가기

지금까지 현대 천문학에서 표준 빅뱅 우주론이 정립된 과정을 살펴보았다. 이 글에서는 표준 빅뱅 우주론에 근거하여 우주가 현재까지 진화해 온 과정을 고찰하고, 이를 창조 신학적 관점에서 피력해 보고자 한다.

창세기 1장 4절 하반절부터 2장 1절에 이르는 성경 말씀은, 문자적으로 볼 때 6일 동안 창조가 진행되었으며 2장 1절의 선포처럼 "천지와 만물이 다 이루어지는" 과정을 통해 자연 세계의 모든 것이 창조되었다고 읽힌다. 물론 여기서 '하루'라는 시간 단위가 구체적으로 무엇을 의미하는지는 명확히 알 수 없다. 문자적 기록에 따르면 낮과 밤을 주관하는 태양은 넷째 날에야 비로소 창조되었다. 우리가 아는 하루의 정의가 지구가 자전하여 태양이 다시 뜰 때까지의 기간임을 고려하면, 성경은 태양이 존재하기 전부터 이미 '하루'라는 단위를 사용하고 있는 셈이다. 따라서 6일 창조에서의 '일'(day)이라는 개념은 적어도 현재 우리가 경험하는 24시간의 하루와는 다른 의미로 보아야 한다.

오히려 그 구조를 살펴보면, 처음 3일 동안은 창세기 1장 2절에 묘사된 공허와 혼돈의 공간에 빛, 궁창, 물, 땅을 조성하여 기초를 세우시고, 땅에는 채소와 나무가 돋아나게 하셨다. 이어지는 후반부 3일 동안에는 궁창에 해와 달, 별을 배치하시고, 물에는 생물을, 하늘과 땅에는 새와 짐승을 충만하게 하셨으며, 마지막으로 하나님의 형상을 따라 사람을 만드셔서 모든 생물을 다스리게 하셨다. 즉, 전반부 세 날은 공허와 혼돈의 세계를 궁창, 물, 땅으로 구분하여 구조적 질서를 세우는 과정이었고, 후반부 세 날은 그 나뉜 공간들에 만물을 풍성하게 채워 질서를 완성하는 과정이었다.

이 말씀을 문자적 사실로만 받아들이기보다 그 이면에 담긴 의미를 고찰해 보면, 이는 공허와 혼돈으로부터 질서를 구축해 나가는 과정이라 할 수 있다. 즉, 무질서에서 질서가 수립되는 과정이며, 이는 물리학적으로 표현하자면 마치 엔트로피(entropy)가 감소하는 현상처럼 보이기도 한다. 하늘과 땅, 바다를 먼저 조성한 후 각종 물체와 생명을 채워 넣는 서술 방식은 당대 히브리인들이 공유하던 우주관을 반영한 것으로 이해된다. 여기서 핵심은 하나님께서 천지 만물을 창조하셨다는 사실이며, 그 과정이 단번에 이루어진 것이 아니라 명확한 순서와 체계를 지니고 있다는 점이다. 일례로 궁창은 해와 달, 별보다 앞서 조성되었다.

여기서 우리는 창조 신앙의 본질을 발견한다. 이는 혼돈 속에 머물던 존재를 하나님과 동행하는 질서의 상태로 새롭게 하셨다는 고백이다. 당시 이집트에서 노예의 삶을 살던 히브리인들에게 있어, 천지 만물을 지으신 하나님께서 그들을 노예 상태에서 해방하신 사건은 곧 구원이자 새로운 창조였다. 이러한 자유는 하나님이 세우신 거룩한 질서이며, 이를 통해 히브리인들은 새로운 존재로 재창조된 것이다.

이러한 재창조의 역사는 성경 전반에 걸쳐 반복된다. 따라서 창세기의 '6일 창조'라는 틀 대신 현대의 '표준 빅뱅 우주론'이 제시하는 138억 년의 진화 과정을 대입하여 읽더라도, 창세기 1장이 선포하는 본질적인 메시지는 훼손되지 않는다. 장구한 우주의 역사 속에서 결국 하나님을 경배하고 예배하는 인류를 존재하게 하셨기 때문이다. 창세기가 언급하는 일곱째 날의 안식 또한 인류가 탄생한 이후에 비로소 완성되는 것이다.

표준 빅뱅 우주론을 통해 우주의 진화 과정을 추적하다 보면, 인류 원리 대신 생명 모두와 인류를 위해 정교하게 조정된 질서가 형성되어 왔음을 깨닫게 된다. 나는 이를 만물 원리라 표현한다. 기독교인이자 천문학자인 필자는 이를 통해 하나님의 창조 섭리를 깊이 이해할 뿐만 아니라, 그 경이로운 질서 속에서 창조주를 향한 예배에 참여하며 천문학이라는 학문의 발전에 기여하고자 한다.

## 2. 간략한 우주의 진화

인터넷에 '우주의 진화'를 검색해 보면 [그림 14]와 같은 그림을 흔히 볼 수 있다. 이 그림은 NASA에서 제공한 자료로 누구나 사용이 가능하다. 그림의 왼쪽에서 오른쪽 방향으로 시간이 흐르는데, 그림 왼편의 섬광으로 묘사된 지점이 바로 태초인 $t=0$의 순간이다. 이 시점은 '양자 섭동'(quantum fluctuation)이라고 표

[그림 14] 우주의 진화 모식도

현되어 있다. 이때 발생한 양자 섭동은 급팽창(inflation) 기간을 거치면서도 사라지지 않고 살아남아, 빅뱅 후 37만 5천 년경에 나타나는 '잔재 복사 무늬'(Afterglow Light Pattern)로 발현된다. 이것이 바로 현재 우주 배경 복사에서 관측되는 온도 요동, 곧 온도의 비등방성 무늬이다.

빅뱅 후 37만 5천 년 무렵, 잔재 복사를 방출하던 흑체의 온도에 대응하는 파장은 가시광선 영역에 속해 있었다. 그러나 우주가 단열 팽창함에 따라 흑체의 온도가 낮아졌고, 그 결과 파장이 가시광선보다 길어지면서 우리 눈에는 보이지 않는 긴 파장의 복사가 되었다. 이 시점부터 새로운 별이 탄생하기 전인 약 4억 년이 지날 때까지의 기간을 우주의 '암흑시대'(Dark Ages)라고 부른다. 빅뱅 후 37만 5천 년 이후는 '물질의 시대'에 해당하며, 약 4억 년이 경과하면 최초의 별들이 탄생하여 가시광선을 방출하기 시작한다. 이때를 비유적으로 '우주의 르네상스'라 부른다.

그 이후 우리가 알다시피 은하와 은하단 등이 형성되었고, 이들이 모여 우주의 거대 구조를 이루게 되었다. 빅뱅 후 90억 년이 지나면 암흑 에너지의 밀도가 암흑 물질의 밀도보다 커지게 되는데, 이때부터를 '암흑 에너지 시대'라 한다. 흥미로운 사실은 이 시점이 지금으로부터 대략 45억 년 전이라는 점이다. 우리 태양계는 바로 이 시기에 초신성 폭발로 방출된 잔여 물질들이 중력 수축을 일으키며 형성된 태양계 성운에서 탄생하였다. 성운의 중심에서는 태양이, 원반 주변부에서는 지구와 달을 비롯한 행성들이 만들어졌다. 그리고 마침내 이 지구에서 생명체가 탄생하였으며, 그 생명체 가운데 우주를 연구하는 인간이 등장하게 된 것이다.

물론 빅뱅 후 3분 이내에 수소와 헬륨이 생성되었고, 이후 별의 내부에서 탄소, 산소, 질소, 철 등이, 그리고 초신성 폭발을 통해 인(P)과 같은 무거운 원소들이 만들어졌다. 이러한 모든 원소가 갖춰진 후에야 비로소 생명체가 존재할 수 있는 물리적 토대가 마련된 것이다. 즉, 생명체가 탄생하기까지 우주는 약 138억 년이라는 유구한 세월 동안 준비 과정을 거쳐온 셈이다.

천문학자인 필자는 생명과 생물의 기원에 대해서는 전문적인 식견을 가지고 있지 않다. 이에 대해서는 화학자나 생물학자들의 연구로부터 많은 도움을 얻을 수 있을 것이다. 필자가 알기로는 다윈 시대의 진화론이 오늘날 비약적으로 발전하여 '현대 종합 진화설' 혹은 '개정된 진화 이론'으로 정립되었다고 들었다. 진화 이론 역시 과학 이론으로서 핍진성을 지닌다. 즉, 현재 생명체의 다양성을 설명함에 있어 진리에 가장 근접한 이론 체계라고 할 수 있다.


## 3. 인류 원리

표준 빅뱅 우주론으로 설명되는 우리 우주에는 이 우주를 관측하며 우주를 연구하여 알아가는 인류가 존재한다. 이는 우리 우주가 인류가 탄생하도록 미세 조정(fine tuning)되었다고 생각하게 한다. 그러기에 우리 우주는 아주 특별하다. 이를 **인류 원리**(Anthropic Principle)라고 부른다. 4장에서 잠깐 언급하였다. 이에 반하여 우리 우주가 그리 특별한 것이 아니라 수많은 다중 우주 중 하나라는 견해도 있다. 이를 **코페르니쿠스 원리**(Copernicus Principle)라고 한다. 이러한 원리는 과학이라기보다 과학적인 사실에 기반한 인문학적 접근이다.

인류 원리를 조금 더 살펴보자. 물체의 질량에 의해 작용하는 중력은 우주에서는 아주 약한 힘이지만 우주를 지배하는 힘이다. 만약 중력이 현재보다 더 강했더라면 항성 내부의 밀도는 더 커졌을 것이고, 핵융합 반응은 더 활발하게 일어났을 것이다. 그러나 항성의 수명은 지금보다 짧아졌을 것이다. 결국 생명체가 탄생하기에 필요한 충분한 에너지를 공급할 수 있는 항성의 수명이 짧기에 생명체가 진화하는 데 충분한 시간이 없어 지적 생명체가 탄생하기 어려워진다. 반대로 중력이 지금보다 약했다면, 물질들이 뭉쳐지기 쉽지 않아 별 내부에서 핵융합 반응에 의한 에너지를 충분히 내기 어려웠을 것이다.

핵력 중에 양성자와 중성자를 결합하게 하는 힘이 '강한 핵력'이다. 만약 강한 핵력이 지금보다 강하거나 약했다면 우주에서 수소의 양이 헬륨보다 적거나 많아졌을 것이다. 어떠한 경우라도 별로 응집되어 별의 핵에서 핵반응이 지금보다 짧은 시간에 급격하게, 혹은 긴 시간에 너무 느리게 작용하여 생명체의 진화에 어려움이 생겼을 것이다. 강한 핵력과 전자기력의 비가 100:1 정도 되는데 만약 이 비가 조금만 달라졌더라도 별에서 탄소가 합성되기 어려웠을 것이다. 따라서 탄소 기반의 생명체가 존재하기 어려웠을 것이다. 그러나 우리 우주는 생명체가 진화하여 이 우주를 관측하고 연구하는 인류가 존재하는 우주이다. 그러기에 우리 우주는 미세 조정되어 있다고 볼 수 있다. 이에 근거한 인류 원리에는 강한 인류 원리와 약한 인류 원리가 있는데 4장에서 설명하였기에 여기서는 생략하기로 한다.

인류 원리, 미세 조정 등 용어를 대하면 우리 우주는 인류의 출현을 위한 위대한 설계 혹은 계획(grand design)이 있는 것처럼 보인다. 신앙고백적으로 하나님의 위대한 설계로 우주가 창조되었다고 말하고 싶다. 그러나 우주에 관한 관측 사실과 표준 빅뱅 우주론을 가지고 코페르니쿠스 원리를 적용하는 천문학자도 많다. 이러한 천문학자 중에 가장 유명한 사람이 스티븐 호킹(Stephen Hawking, 1942~2018)이다. 그의 저서 *Grand Design*에서 그는 우리 우주를 다중 우주 중의 하나로 설명하였다. 물론 다중 우주 개념은 이론적인 산물이기에 실제 다중 우주가 존재하는지는 천문학자들도 의심한다. 그러나 설사 다중 우주가 있어 호킹의 견해를 따르더라도 필자는 신앙고백적인 답을 하고 싶다. 창세기 12장에서 하나님은 아브람을 선택하시고 그에게 믿음의 조상이 되는 복을 주셨다. 하나님을 믿는 사람은 모두 아브람의 반열에 들어가게 된다. 필자는 하나님께서 $10^{78}$개 정도나 되는 다중 우주 중에서 우리 우주를 선택하시어, 이 우주에 하나님의 형상을 닮은 사람을 창조하시고 우주를 관측하며 연구하게 하셨다고 믿는다. 우리 우주는 하나님께서 선택한 우주인 것이다. 인류 원리적인 관점을 보아도 코페르니쿠스적 원리를 보아도 기독교인인 필자는 우리 우주가 하나님에 의해 창조되었고, 지금도 계속 창조하고 계시다는 것을 앞 글에서 설명한 이성, 감성, 영성을 통하여 느끼고 알게 된다.

## 4. 무질서도

무질서도(entropy)는 물리학의 통계 물리에서 많이 쓰는 물리량이다. 닫힌계(closed system)에서 총에너지는 일정하다. 그러나 시간이 지남에 따라 이 닫힌계에서는 쓸모 있는 에너지가 점점 줄어든다. 그래서 무질서도가 시간에 따라 항상 증가한다. 그 닫힌계 안에 어떤 작은 열린계(open system)가 있다고 하자. 이 열린계는 닫힌계 안에서 에너지를 받아 무질서도가 감소할 수 있다. 그러나 열린계를 포함한 닫힌계는 쓸모 있는 에너지가 사용되어 가용 에너지가 점점 감소하므로 무질서도는 항상 증가한다. 우리 우주는 닫힌계이기에 무질서도는 항상 증가한다. 무질서도는 시간과 같다. 항상 한 방향으로만 흐른다.

우리 우주 안에 중력 섭동으로 은하가 만들어지고, 태양계도 만들어진다. 우주 내의 에너지를 사용하는 것이다. 그러기에 질서를 가진 천체가 형성된다. 그러나 우주 전체로 보면 쓸모 있는 에너지는 줄어들게 되고 무질서도는 증가한다. 앞서 창세기 1장에서 혼돈과 공허에서 질서를 만드는 모습을 보았다. 마치 무질서도가 감소하는 듯 보이지만 실은 우주에서 궁창, 물, 땅 그리고 이 공간을 채우는 만물은 모두 열린계이기에 에너지를 사용함으로써 무질서도가 감소한다. 그러나 우주 전체의 쓸모 있는 에너지는 감소하기에 궁창, 물, 땅을 포함하는 우주 공간 전체의 무질서도는 증가한다.

우리 우주는 암흑 에너지 때문에 가속 팽창하고 있다. 우주가 팽창하면서 종말에는 모든 물질이 자연 붕괴(decay)되어 모두 전자기파 복사로 온 우주를 채울 것이다. 이 복사는 에너지가 아주 약한 정말 쓸모없는 에너지다. 무질서도가 거의 무한대일 것이다. 이때는 아마도 빅뱅 후 우주의 나이가 $10^{100}$년 정도가 되었을 때다. 과학적으로 보면 우주의 종말은 쓸모없는 에너지를 가진 복사로 가득 차 있을 것이다. 그런데 이와 함께 암흑 에너지의 양은 어마어마하게 클 것이다. 밀도로 계산해 보면 아마도 복사에 의한 밀도보다는 암흑 에너지의 밀도가 훨씬 어마어마하게 클 것이다. 따라서 종말의 우주는 암흑 에너지로 꽉 차 있는 공간이다. 마치 다시 혼돈과 공허의 공간이 되는 셈이다.

빅뱅의 순간을 물리학적으로 계산할 수는 없지만 상상해

볼 수는 있다. 빅뱅의 순간은 잠재 에너지(potential)를 가진 들뜬 진공(excited vacuum)이 기저 진공(ground state vacuum)으로 가라앉으면서(recombine) 빅뱅이 발생되었다고 이론적으로 생각한다. 종말의 우주는 암흑 에너지가 가득한 진공이다. 우주의 종말에는 쓸모없는 복사 에너지의 양은 무시할 수 있을 정도로 아주 작지만, 진공 에너지인 암흑 에너지는 이 진공에 가득 차 있다. 이 진공에 차 있는 암흑 에너지 때문에 새로운 우주가 탄생할 수 있지 않을까 상상해 본다. 이러한 상상은 과학의 내용을 동반한 생각에서 비롯된다.

성경에서도 새 하늘과 새 땅의 종말론적인 창조를 말하고 있다. 종말론적 창조는 하나님이 이루시는 창조의 완성이다. 그러나 우리 우주를 설명하는 표준 빅뱅 우주론을 통해서는 그런 완성의 모습과는 대조적으로 쓸모없는 복사 에너지와 진공 에너지인 암흑 에너지가 가득 찬 진공상태의 우주만이 그려진다. 과학을 통해 성경에서 이야기하는 종말론적 창조는 상상해 보기가 어렵다. 오히려 신학적인 접근이 더욱 필요하다.

## 5. 복잡계

통계 물리학에서 다체문제의 협업 혹은 협동 현상을 다루는 계(system)가 복잡계(complex system)이다. 복잡계는 혼돈(混沌)하지만(chaotic) 질서와 무질서가 혼합되어 복잡(complex)하다. 이 이론은 통계 물리학에서만 사용하는 것이 아니다. 지구 물리학에서 지진을 설명할 때도, 더 나아가 우리가 살고 있는 사회 모든 현상을 설명할 때도 이 이론을 이용한다.

복잡계는 창발이 일어나 새로운 모습을 띤 계로 나타난다. 어떤 복잡계를 생각해 보자. 이 계는 질서와 무질서의 중간 상태에 있기에 혼돈(chaotic) 상태에 있다. 이제 이 복잡계 내의 질서 혹은 무질서 상태의 구성원들은 복잡계 밖으로부터 들어오는 에너지와 정보(information) 그리고 계 안의 에너지와 정보를 구성원들끼리 서로 교환한다. 이러는 사이에 모든 구성원이 얻은 정보를 아울러 유용한 어떤 정보를 공유하면서 구성원 거의 모두가 갑자기 새롭지만, 같은 상태로 활동하여 새로운 계가 된다. 이러한 과정이 복잡계의 창발(emergent) 과정이다.

지금은 부정적으로 보이기는 하지만 1970~80년대 우리나라에서도 교단과 거의 상관없이 교인이 증가하는 교회 부흥이 일어났다. 이때는 교회를 개척하기만 해도 교인이 모이는 시기였다. 이때가 우리나라 교회에서 창발이 일어난 시기이다. 교단에 상관없이 거의 모든 교회가 신학적으로도 차이가 거의 없는, 거의 목사 중심의 계급적이고, 보수적인 신학이 대세를 이루었다. 진보적으로 보이는 교회조차도 예배와 친교, 공동체 모임, 전도, 선교 등과 같은 형태가 교인 친화적으로 바뀌었을 뿐 그 안의 신학은 보수 신학 일색이었다. 더구나 순복음 교회를 통해 들어온 방언, 성령의 은사, 세상에서 부유한 삶 등이 강조되었다. 이렇게 창발된 교회의 형태가 바로 지금 우리가 보고 있는, 부흥된, 현재 한국 교회의 모습이다.

이러한 복잡계는 개인에게도 적용된다. 먼저 사도행전 7장에는 스데반 집사가 순교하는 장면이 나온다. 사도행전 7장 58절은 다음과 같다. "성 밖으로 내치고 돌로 칠새 증인들이 옷을 벗어 사울이라 하는 청년의 발 앞에 두니라." 순교하는 스데반의 옷이 나중에 사도 바울이 된 사울의 발 앞에 놓인다. 이 때에 사울은 순교하는 스데반의 모습을 보고 얼마나 혼란스러웠을까? 그때의 사울은 그리스도인을 핍박하였다. 사도행전 8장 3절이 이를 증명하고 있다. "사울이 교회를 잔멸할새 각 집에 들어가 남녀를 끌어다가 옥에 넘기니라."

그러고서 사도행전 9장 1~2절에서 사울은 다메섹으로 간다. 그리스도인들을 남녀를 불문하고 붙잡아 예루살렘으로 돌아오기 위해 다메섹으로 나섰다. 그런데 사도행전 9장 3~6절을 보니 다메섹으로 가는 도중에 부활하신 예수님을 개인적으로 만나게 되었다. 7절을 보니 같이 가던 사람들은 사울과 같은 경험을 하지 못한 것으로 보인다. 이제 9~10절을 보니 다메섹에 도착한 사울은 사흘 동안 아마도 순교하는 스데반의 모습과 자신이 잡으러 다니던 그리스도인들의 모습으로 혼란한 상태에서 부활하신 예수님을 하늘로부터 빛을 통한 만남을 통하여 9절과 같이 보지도, 먹지도, 마시지도 못하며 생각을 정리하며 깊이 기도했을 것이다. 10~17절을 보면, 사울은 아나니아를 통해 하나님께서 주신 이방인의 전도자로 부름을 받게 되고, 20절에서는 사울이 각 회당에서 예수가 하나님의 아들이심을 전파하고 있는 새로운 모습으로 변화한다. 복잡계 이론을 통해 보면 사울은 새롭게 창발되었다. 창조 신학적으로 보면 사울은 새롭게 창조되었다. 구원론적으로 보면 사울은 구원을 얻었다.

어찌 보면 내가 얻은 구원은 하나님께서 은혜로 주시지만, 구원 전의 혼돈 상태에서 성령의 역사를 통해(창발의 순간) 새롭게 구원받은 자로 태어났다. 이러한 현상이 복잡계 이론으로도 설명될 수 있음이 신기하다. 이러한 구원은 하나님께서 내 삶 속에서 일어나게 해 주신 계속 창조의 순간이다. 이러한 계속 창조의 역사는 천문학을 공부할 때도, 성경을 통해서도, 내 나라를 통해서도, 또한 내 공동체를 통해서도, 내 삶을 통해서도 계속 일어나고 있다. 우리가 기독교인이기에 창조(창발, 구원)의 신앙을 갖고, 요한복음에서 읽은 것 같이 하나님과 함께하는 풍성한 삶을 누리기를 기도한다.

성경의 처음 창조도 복잡계로 설명할 수 있다. 창세기 1장 2절에서 혼돈과 공허와 어둠에서 하나님의 신이 운행하며(창발의 순간) 3절에 빛이 공간을 채운다. 즉 창발하여 공간이 새롭게 태어난다. 로마서 1장 20절에서 보듯이 자연을 설명하는 과학 이론들은 성경의 말씀을 이해하고 설명하는 데 도움을 준다는 것을 다시 한번 보게 된다.

## 6. 자연에서 일어나는 현상 그러나 누구에게는 하나님의 말씀

다시 사도행전 9장 3절로 돌아가 보자. "사울이 길을 가다가 다메섹에 가까이 이르더니 홀연히 하늘로부터 빛이 그를 둘러 비추는지라." 다메섹 가까운 곳에 이르러 사울이 경험한 자연현상을 성경은 하늘로부터 빛이 그를 둘러 비추었다고 했다. 천문학자인 필자는 이 현상이 무엇인지 무척 궁금했다.

지구의 지각(地殼)은 여러 개의 판으로 이루어져 있으며, 이 판들이 움직이면서 화산대를 형성하고 빈번한 지진을 일으킨다. 우리나라보다 일본 열도에 화산과 지진이 많은 이유는 일본의 태평양 연안에서 판들이 충돌하여 화산 활동과 강력한 지진이 빈번하게 발생하기 때문이다. 예루살렘에서 다메섹에 이르는 지역 역시 두 개의 판이 맞닿아 있어, 판들의 상호작용에 따라 다양한 형태의 지진이 발생할 수 있다. 지진이 발생하면 드물게 지진광이나 굉음이 동반되기도 한다. 나무위키에서 지진 전조에 관해 설명한 부분을 인용하면 다음과 같다.

2014년 1월에 「Seismological Research Letters」에 실린 연구에 따르면, 지진운과는 달리, 이 지진광은 실존의 가능성이 있는 것으로 추정된다. 전체 지진의 불과 0.5% 정도만이 이런 빛을 낸다고 알려져 있는데, 그 이유는 유문암, 화강암 등 석영이 많이 함유된 종류의 돌이 지진의 힘을 받아서 마찰하거나 압력을 받으면 대전(帶電; charge)하게 되고, 이렇게 모인 전하를 방출하면서 전기적인 푸르스름한 불빛을 내게 된다는 것이다. 하지만 워낙 드문 현상이기 때문에 어느 지역의 어떤 지진이 이런 불빛을 내게 될지 예측하기도 어렵고, 이 불빛을 근거로 앞으로 얼마나 이후에 지진이 발생할지 예측하는 것도 아직은 불가능하다고 한다.(나무위키: 지진전조현상)

또한 지진의 굉음에 대한 설명은 다음과 같다.

지진이 일어날 때 굉음이 발생하는 경우가 있다. 진원에서 발생한 파동은 지표면에 도달하면 음파의 형태로 대기 중으로도 전파되지만, 초저주파의 형태이기 때문에 일반적으로 사람의 가청 주파수에는 해당하지 않는다. 하지만 지층이 화강암과 같이 단단한 성분으로 이루어져 있으면 상대적으로 높은 주파수의 파동이 발생하여, 땅이 깨지는 소리가 대기 중으로까지 전파될 수 있다. 지층의 주성분이 화강암인 대한민국의 지진에서 이러한 현상이 자주 발생하는데, 2016년 경주 지진은 물론, 규모 2.3에 불과했던 2016년 수원 지진, 2020년 파주 지진, 2023년 강화도 지진에서도 굉음이 발생하였다.

지진 발생 시 지진광과 굉음이 수반될 수 있다는 점에 비추어, 필자는 사울이 다메섹 근처에서 지진을 경험하며 지진광을 목격하고 굉음을 들었을 것으로 추정한다. 사울은 다메섹으로 향하며 그리스도인들에 대한 생각으로 가득 차 있었을 것이고, 생명을 위협하는 핍박 속에서도 신앙을 지켜나가는 그들의 모습에 깊은 혼란을 느꼈을 것이다. 바로 그때 다메섹 근처에서 지진을 겪으며 예수님의 음성이 빛과 소리라는 자연현상을 통해 사울에게 개인적으로 전달된 것이다. 같이 가던 사람들도 빛을 보고 굉음을 들었으나(행 9:7; 22:6), 하나님의 음성까지는 듣지 못했다. 하나님은 때로 자연현상을 매개로 각 개인에게 세밀한 음성을 들려주신다. 사울이 비록 혼돈의 상태였으나 성령을 받아들일 내적 준비가 되어 있었던 것은 아닐까 생각한다. 바로 그 찰나에 하나님께서 역사하신 것이다. 그리고 그러한 강렬한 경험은 사울이 사도 바울이 되어, 이방인을 위한 전도 사역을 죽을 때까지 완수하게 하는 원동력이 되었다. 기독교인인 나 역시 형태는 다르지만, 하나님의 음성을 듣는 결정적인 순간이 있었기에 창조과학을 주장하는 이들의 비난을 극복할 수 있었으며, 70세가 넘은 지금도 모세의 부르심과 같이 과학을 통한 신학 및 창조 신앙을 교회에 전파하는 사명을 품고 정진하고 있다.


## 7. 나가면서

표준 빅뱅 우주론으로 잘 설명되는 우리 우주의 진화 과정을 살펴보더라도, 스티븐 제이 굴드가 주창한 생물 진화의 '단속 평형 이론'[18] 또한 복잡계 이론으로 충분히 설명 가능하다. 복잡계 이론으로는 이를 '창발'이라 하고, 창조 신학적으로 '새로운 창조'라 하며, 구원론적으로는 구원의 단계인 칭의(처음 창조), 성화(계속 창조), 영화(종말론적 창조)로 설명할 수 있다. 이처럼 자연과학은 성경의 여러 개념을 이해하는 데 큰 도움을 준다. 물론 자연과학이 전부는 아니다. 자연과학을 비롯하여 인문학, 사회학 등 학문 전반은 성경을 깊이 이해하고 이 시대의 교회와 성도를 이끌어 가는 신학을 연구하는 데 귀중한 토대가 된다.

그럼에도 불구하고 현대는 가히 '과학의 시대'라 불릴 만큼 과학이 인류의 삶에 미치는 영향은 지대하다. 과학적 연구 방법을 준용하는 학문에 '과학'이라는 명칭을 붙여, 사회학의 특정 영역을 사회과학이라 칭하기도 한다. 협의의 과학이 자연을 알아가는 과정이라면, 광의의 과학은 이를 넘어 자연을 이용하고 보존하는 활동까지 포괄한다. 신앙고백의 관점에서 자연은 하나님의 창조 행위 그 자체이기에, 필자에게 자연은 하나님의 계시로 인식되기도 한다. 나는 자연의 아름다움과 질서를 통해 창조주의 존재를 깊이 경험하며 그분의 뜻을 오늘도 헤아려 본다.

---

18  '단속 평형 이론'은 진화 이론에서 생물이 상당 기간 안정적으로 종을 유지하다 특정한 시기에 종분화가 집중적으로 이루어진다는 이론으로 기존의 '계통점진 이론'과는 대조되는 이론이다.

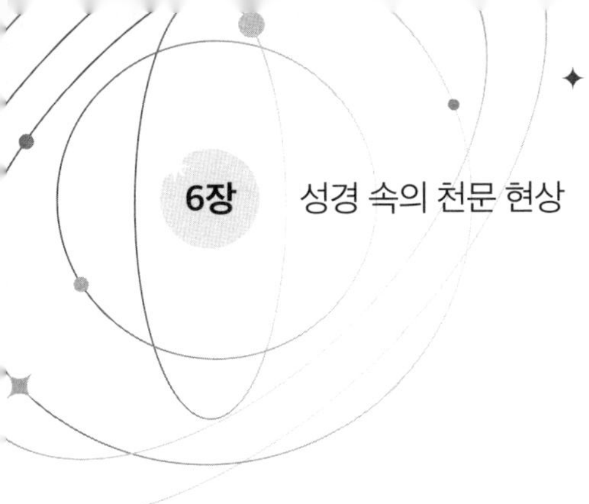

# 6장 성경 속의 천문 현상

## 1. 들어가기

지금까지 천문학에서는 표준 빅뱅 이론을 주로 설명하면서, 이를 통해 필자는 신앙적으로 하나님의 계속 창조의 역사를 강조하였다. 창세기 1장의 내용 또한 그 의미를 살펴보면 혼돈에서 질서로 나아가는 하나님의 계속 창조의 역사이다. 과학과 신학은 별개의 마지스테리움(Magisterium)으로 보이지만, 서로 이해를 돕고 대화하며 긴밀히 연관되기도 하는 관계라 할 수 있다. 앞선 논의를 통해 이러한 연관과 대화가 어느 정도 필요하다는 점이 독자들에게 전달되었으리라 생각한다.

이제 이 글에서는 이러한 연관을 조금 더 깊이 느껴보고자, 성경에서 찾아볼 수 있는 천문 관련 현상을 중심으로 그 내용을 다루어 보려 한다. 필자가 천문학을 공부하였기에 가능한 해석

일 수 있으나, 독자들 또한 호기심을 가지고 흥미롭게 읽으며 즐
겨 주기를 바란다.


## 2. 여호수아 때 태양이 멈춘 사건


여호수아 10장 12~13절을 읽어 보자.


12 여호와께서 아모리 사람을 이스라엘 자손에게 넘겨 주시던 날
에 여호수아가 여호와께 아뢰어 이스라엘의 목전에서 이르되
태양아 너는 기브온 위에 머무르라 달아 너도 아얄론 골짜기
에서 그리할지어다 하매
13 태양이 머물고 달이 멈추기를 백성이 그 대적에게 원수를 갚
기까지 하였느니라 야살의 책에 태양이 중천에 머물러서 거
의 종일토록 속히 내려가지 아니하였다고 기록되지 아니하
였느냐


이 본문에 따르면 전투 중 약 하루 동안 태양과 달의 운행
이 멈춰 섰다고 기록되어 있다. 물리학적으로 고찰해 보면, 만약
중력계 내에서 달이 멈추면 달은 지구로 자유 낙하하게 되고, 태
양이 멈춘다면 지구-달 계 전체가 태양으로 자유 낙하하게 된다.
따라서 실제 이런 사건이 벌어졌다면 지구는 현재 소멸했을 것

이다. 12절을 보면 이스라엘과 아모리 사람들의 전투지가 정확히 어디인지 단정할 수 없으나, 기브온과 아얄론 사이였을 것으로 추정된다. 당시 그 지역에서는 태양과 달의 위치가 관측자를 중심으로 거의 반대 방향에 있었다. 태양이 중천에 있었다는 기록으로 보아, 당시 달의 위상은 하현달에 가까웠을 것으로 보인다. 실제로 오후에 하현달이 관측되는 현상은 지금도 흔히 볼 수 있는 일이다.

이 시기는 대략 기원전 1405년경으로 추정되는데, 현재 이 글을 쓰고 있는 2025년을 기준으로 하면 대략 3,430년 전의 일이다. 지금부터는 천문학적 관점에서 역법 이야기를 해 보려 한다. 현재 우리는 태양의 위치와 24절기의 시각이 거의 완벽하게 일치하는 시대를 살고 있다. 이는 우리가 사용하는 달력이 '그레고리력'[19]이기 때문이다. 지구는 태양을 1년에 한 번 공전한다. 천문학에서는 지구가 궤도에서 근(원)일점[20]에 있다가 다시 근(원)일점에 돌아오는 시간을 1회귀년 혹은 1태양년이라 한다. 대략 1회귀년은 365.2421984일 정도가 된다. 만약 1회귀년이 정확하게 365.25일이면 4년에 한 번씩 윤년을 두면 정확하게 지구는 근(원)일점의 위치로 돌아온다. 이를 '율

---

19  1582년에 교황 그레고리 13세가 율리우스력을 개정하여 만들어진 역법으로 1
    년의 길이가 365.2425일이다.
20  지구가 태양에 가장 가까이 있는 위치를 근일점, 가장 멀리 있는 위치를 원일점
    이라 한다.

리우스력'[21]이라 한다.

하지만 1회귀년은 365.25일보다 약 0.00780122일이 짧다. 이 미세한 차이는 4년이면 0.031205일, 100년이 지나면 약 0.780122일의 오차를 발생시킨다. 따라서 그레고리력에서는 100년마다 평년을 두어 이를 조정한다. 400년 주기로 할 때 100년마다 평년을 두면 0.879512일의 오차가 생기기에 400년마다 윤년을 두면 0.120488일이 남는다. 이를 '그레고리력'이라 한다. 그런데 이 오차는 3,200년 정도 지나면 거의 하루(0.963904일)에 가깝게 되기에 3,200년에는 평년을 둔다. 즉 3,200년 사이에 평년을 **반드시 한 번 더 두게 되면** 0.036096일(52분 정도) 지구의 위치가 3,200년 전 위치보다 각도로 2분 8초 정도 미세하게 못 미치지만, 사실상 지구가 거의 같은 위치에 도달하게 되는 것이다.

다시 성경 본문으로 돌아가 보자. 이스라엘 사람들이 아모리 사람들과 전쟁을 하던 시기는 역법상 시각 조정이 매우 중요한 시점이었을 수 있다. 우연하게도 이 시기는 현재로부터 약 3,430년 전이다. 앞서 언급한 역법의 오차를 고려할 때, 당시 지구에서 바라본 태양의 위치는 실제와 약 1일 정도의 차이가 있었을 것으로 예측된다. 즉, 과학적으로 볼 때 약 1일의 시각 조정이 필요한 시점이었던 셈이다. 성경이 이러한 시각 조

---

21  율리우스 카이사르(Gaius Iulius Caesar, B.C. 100~44)가 기원전 46년에 제정해 45년부터 시행한 양력(陽曆) 역법으로 1년을 365.25일로 채택했다.

정의 필요성을 '태양과 달이 머물렀다'는 신앙적 표현으로 기술하였다고 보더라도 큰 무리는 없을 것이다. 물론 하나님의 섭리로 전쟁에서 승리한 것이 본질이지만, 천문학 및 역법을 연구하는 역사천문학자의 관점에서는 이러한 시각 조정의 사건이 전쟁의 승리에 물리적인 배경으로 작용하지 않았을까 조심스럽게 추론해 본다.


### 3. 히스기야 통치 때의 해 그림자가 물러남

열왕기하 20장 8~11절을 읽어 보자.


8 히스기야가 이사야에게 이르되 여호와께서 나를 낫게 하시고 삼 일 만에 여호와의 성전에 올라가게 하실 무슨 징표가 있나이까 하니

9 이사야가 이르되 여호와께서 하신 말씀을 응하게 하실 일에 대하여 여호와께로부터 왕에게 한 징표가 임하리이다 해 그림자가 십도를 나아갈 것이니이까 혹 십도를 물러갈 것이니이까 하니

10 히스기야가 대답하되 그림자가 십도를 나아가기는 쉬우니 그리할 것이 아니라 십도가 뒤로 물러갈 것이니이다 하니라

11 선지자 이사야가 여호와께 간구하매 아하스의 **해시계** 위에 나

아갔던 **해 그림자를 십도 뒤로 물러가게** 하셨더라

해시계의 그림자가 10도 뒤로 물러갔다고 성경 본문은 기록한다. 태양은 1시간에 15도를 운행하므로, 10도의 이동은 약 40분 정도의 시간 경과를 의미한다. 히스기야 통치기는 기원전 728년경으로, 앞서 언급한 여호수아 시대(기원전 1405년경)와는 약 677년의 간격이 있다. 천문학에서 춘분점은 지구의 세차운동으로 인해 1년에 약 51초씩 황도를 따라 후행(後行)한다. 677년 동안의 춘분점 이동 거리를 계산해 보면 약 9.59도가 나오는데, 이는 본문에 기록된 10도와 매우 근접한 수치이다.

춘분점은 춘분날 정오에 태양이 남중할 때의 방향을 의미한다. 여호수아 시대와 히스기야 시대 사이의 춘분점 위치가 약 10도 정도 뒤로 물러나 있다는 사실은, 히스기야 시대의 정오 시각이 여호수아 시대보다 천문학적으로 약 10도 뒤에 위치함을 뜻한다. 성경 본문에서 해그림자가 10도 뒤로 물러났다고 표현한 것은 바로 이러한 춘분점 이동을 고려한 시간 조정 과정을 묘사한 것이 아닌가 유추해 볼 수 있다. 물론 성경은 이러한 사건들을 하나님의 이적으로 표현하는 것이 자연스럽다. 당시 사람들은 하늘의 움직임을 신비로운 하나님의 통치로 믿었기에, 자연 현상을 하나님의 역사하심으로 연결하는 것이 지극히 당연했다. 이러한 자연 현상을 통해 창조주의 경이로움을 느끼고 경외하는 마음은 과거뿐만 아니라 오늘날을 살아가는 우리에게도 여

전히 유효한 신앙의 자세이다.


## 4. 베들레헴의 별


마태복음 2장 1~12절을 읽어 보자.


1 헤롯 왕 때에 예수께서 유대 베들레헴에서 나시매 **동방으로부터 박사**들이 예루살렘에 이르러 말하되

2 유대인의 왕으로 나신 이가 어디 계시냐 우리가 동방에서 **그의 별**을 보고 그에게 경배하러 왔노라 하니

3 헤롯 왕과 온 예루살렘이 듣고 소동한지라

4 왕이 모든 대제사장과 백성의 서기관들을 모아 그리스도가 어디서 나겠느냐 물으니

5 이르되 유대 베들레헴이오니 이는 선지자로 이렇게 기록된 바

6 또 유대 땅 베들레헴아 너는 유대 고을 중에서 가장 작지 아니하도다 네게서 한 다스리는 자가 나와서 내 백성 이스라엘의 목자가 되리라 하였음이니이다

7 이에 헤롯이 가만히 박사들을 불러 **별**이 나타난 때를 자세히 묻고

8 베들레헴으로 보내며 이르되 가서 아기에 대하여 자세히 알아보고 찾거든 내게 고하여 나도 가서 그에게 경배하게 하라

9  박사들이 왕의 말을 듣고 갈새 **동방에서 보던 그 별이 문득 앞
서 인도하여 가다가 아기 있는 곳 위에 머물러 서 있는지라**

10  그들이 **별을 보고** 매우 크게 기뻐하고 기뻐하더라

11  집에 들어가 아기와 그의 어머니 마리아가 함께 있는 것을 보
고 엎드려 아기께 경배하고 보배합을 열어 황금과 유향과 몰
약을 예물로 드리니라

12  그들은 꿈에 헤롯에게로 돌아가지 말라 지시하심을 받아 다른
길로 고국에 돌아가니라


필자는 천문학자이기에 예수님께서 탄생하실 때의 별이 어
떤 별인지 매우 궁금하였다. 어떤 학자는 혜성이라고 주장하고,
또 어떤 학자는 신성 혹은 초신성이라고 주장하기도 한다. 필자
는 마태복음 2장의 성경 본문을 자세하게 읽어 보았다. 여기서
등장하는 박사는 영어성경 NIV에는 "Magi"로 번역되어 있다. 아
마도 이 박사들은 바벨론 지역에서 활동하던 점성술사이자 천문
학자들이었을 것이다. 그러기에 밤하늘에서 특별한 현상이 생긴
것을 즉각 알아차릴 수 있었을 것이다. 신성이나 초신성은 그 위
치가 거의 변하지 않기에 별을 따라 박사들이 서쪽으로 이동하
기에는 무리가 있다. 또한 혜성의 경우는 별자리 사이를 이동하
기는 하지만, 혜성은 일반적으로 꼬리가 보이고 당시 점성술에
서는 대체로 혜성의 출현을 불길한 징조로 여겼다.

1, 2절에 보면 박사들이 동방으로부터 별을 보고 예루살렘

으로 왔다고 했다. 그러기에 별은 동에서 서로 움직였을 것이고, 박사들이 동방에서 그 별을 따라 예루살렘까지 오려면 적어도 4개월 정도의 시간이 필요했을 것이다. 더 흥미로운 사실은 9절에서 별이 머물렀다는 표현이다. 필자는 천문학을 공부하였기에 밤하늘에서 이러한 운행을 하는 천체는 행성밖에 없음을 안다. 그 당시에 밤하늘에서 맨눈으로 관측할 수 있는 행성은 수성, 금성, 화성, 목성, 토성 등 오행성이다. 수성과 금성은 태양 근처에서 주로 관측된다. 수성은 태양에 매우 가깝기에 태양이 뜨거나 질 때 지평선 가까이에서 관측할 수 있으나 그리 쉽지 않다. 금성은 태양에서 어느 정도 떨어져 있기에 해가 뜨기 전이나 진 후에 아주 밝게 관측된다. 그러나 금성의 밝기가 변하는 현상은 태양-지구-금성 사이의 위치 관계에 의한 것이기에 숙련된 천체 관측자에게 특별히 신기한 사건은 아니다.

그러나 화성, 목성, 토성의 경우는 기원전 2000년 전부터 주기적으로 별자리 사이를 서에서 동으로 가는 순행을 하다, 머무는 듯하다가 다시 동에서 서로 가는 역행을 하고, 다시 멈추었다가 순행하는 겉보기 운동이 늘 관측되었다. 필자는 성경 본문을 보며 행성의 역행과 머무는 '류'(留) 현상을 떠올려 보았다. 물론 행성의 역행 운동은 지구와 외행성의 각운동 속도 차이에 의한 자연스러운 것이며 당시에도 늘 관측되었기에 그 자체로 신기한 것은 아니다. 그러나 필자는 예수님이 태어날 당시에 행성들이 어떻게 움직였으며 지구에서 어떻게 보였을지를 학술적 호기심

으로 계산해 보았다. 필자는 간단하지만 비교적 정확한 현대적 역법 계산법을 숙지하고 있다.[22]

기원전 2000년부터 기원후 3000년 정도까지는 태양계 내 행성의 위치를 비교적 정확하게 예측할 수 있다. 계산해 보니 기원전 7년경, 대략 9월부터 12월 사이에 물고기자리 근처에서 목성과 토성이 매우 근접한 상태로 역행 운동을 하고 있었다. 밤하늘에서 목성과 토성은 상당히 밝은 천체이다. 그런데 이 두 행성이 거의 붙어서 움직였으니 관측자에게는 얼마나 밝고 경이롭게 보였을까? 점성술사이자 천문학자인 박사들은 두 행성이 결합하여 움직이는 모습에 경탄했을 것이며, 바빌론 지역에 남아 있던 유대인들로부터 당시 널리 퍼져 있던 메시아 탄생 예언을 들었을 것이다. 그리하여 이 특이한 천문 현상을 메시아 탄생의 징조로 여겼을 것이다. 이후 그 별을 따라 예루살렘으로 향했고, 별이 머무는 시점의 방위가 거의 남쪽이었기에 미가서의 예언을 따라 베들레헴에 이르러 나신 예수님을 경배하였다고 마태복음은 기록한 것으로 보인다.

필자는 베들레헴의 별 이야기가 다른 복음서에는 없고 왜 마태복음에만 기록되었는지 생각해 본다. 신묘막측한 천문 현상과 결합한 메시아의 탄생은, 그 사건을 더욱 신비스럽고 영광스러운 하나님의 사역으로 승화시킨다. 역사적으로 예수님의 탄생

---

22    최승언,『수학과 컴퓨터를 이용한 과학 이해하기』(서울: 청범출판사, 2009).

시기는 대략 기원전 4년경으로 추정된다. 그런데 목성과 토성이 결합하여 역행 현상을 보인 천문 현상은 기원전 7년경의 일이다. 아마도 마태복음 기자는 당시의 이러한 신묘막측한 천문 현상을 메시아 탄생과 연결하여 기술함으로써, 예수님 탄생의 신비함과 역사성을 동시에 보여주고 싶어 했던 것으로 보인다. 따라서 필자는 예수님의 탄생이 이러한 천문 현상이 나타난 해로부터 몇 년 뒤에 이루어졌을 것으로 본다.


## 5. 예수님께서 십자가에서 숨지실 때의 어두움

마가복음 15장 33절, 마태복음 27장 45절, 누가복음 23장 44절을 읽어 보자.

제육시가 되매 온 땅에 어둠이 임하여 제구시까지 계속하더니(막 15:33)

제육시로부터 온 땅에 어둠이 임하여 제구시까지 계속되더니(마 27:45)

때가 제육시쯤 되어 해가 빛을 잃고 온 땅에 어둠이 임하여 제구시까지 계속하며(눅 23:44)

공관복음에 기록된 이 말씀은 예수님께서 십자가에서 운명하실 때 자연도 함께 슬퍼하는 극적인 장면을 묘사하고 있다. 공관복음서 본문에는 낮 12시에 온 땅이 어두워지고, 오후 3시까지 지속되었다고 기록되어 있다. 어두워지는 이유에 대해 누가복음에는 해가 빛을 잃었다고 기록하였다. 천문학에서 낮에 해가 빛을 잃는 경우는 일식 현상뿐이다. 그렇다면 예수님께서 운명하실 당시에 일식이 있었는지 고찰해 볼 필요가 있다. NASA에서는 기원전 2000년부터 기원후 3000년까지 일식이 어디서 발생했는지를 알 수 있게 자료를 제공하고 있다.[23]

[그림 15]는 기원후 29년 11월 24일에 발생한 일식인데, 예루살렘 근처에서는 해가 달에 의해 거의 90% 정도 가려지는 현상을 경험했을 것이다. 이 정도만 되더라도 하늘은 어두워진다. 개기일식이 되면 정말 하늘이 밤처럼 깜깜해진다. 그런데 일식 현상에서 개기 상태는 길어야 몇 분 정도이다. 그러나 일식의 전 과정은 길면 1시간 지속된다. 또한 사람들의 체감상 이 어두운 분위기는 꽤 오래 지속되는 것처럼 느껴지기도 한다. 낮 12시와 오후 3시 사이 어느 때라도 일식이 일어났다면, 성경에서는 낮 12시에서 오후 3시까지 어두웠다고 표현했을지도 모른다. 일식에 의한 어두움을 경험한 마가복음 기자는 예수님의 운명에 대한 슬픔에 자연도 동참한다는 의미로 이 천문 현상을 모티프로 사용했을 것으로 필자는 추측한다. 따라서 예수님께서 십자가에

---

23    NASA https://eclipse.gsfc.nasa.gov/SEcat5/SEcatalog.html

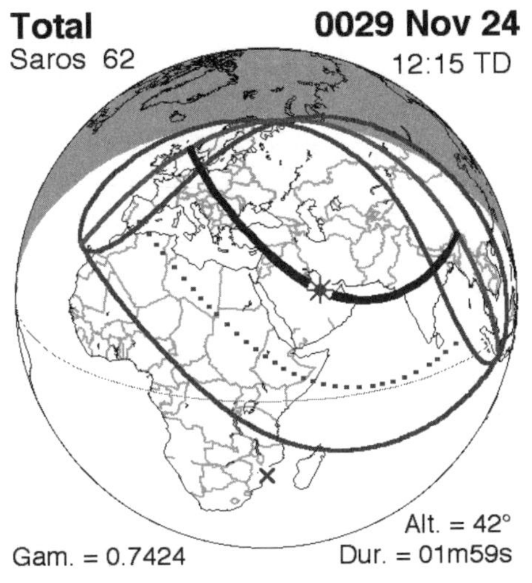


[그림 15] 기원후 29년 11월 24일 일식

서 운명하신 때는 아마도 기원후 29년보다 나중에 일어난 사건으로 생각된다.


## 6. 성경에 언급된 별

욥기 9장 9절에는 북두성(北斗星, Bear), 삼성(參星, Orion), 묘성(昴星, Pleiades), 남방의 밀실을, 욥기 38장 31절에는 묘성과 삼성의 띠를, 욥기 38장 32절에는 열두 궁성, 북두성과 그에 속한 별을, 아모스 5장 8절에도 묘성과 삼성을, 열왕기하 23장 5절에서는 열두 궁성을 언급하고 있다.

킹 제임스 성경(King James Version)에서는 북두성을 아르크투루스(Arcturus)로 번역하고 있다. 이 별은 밤하늘에서 시리우스, 카노푸스 다음으로 세 번째로 밝은 별이다. 이 별의 이름은 '곰을 지키는 자'라는 뜻을 가지고 있다. 북두칠성의 손잡이로부터 자연스럽게 곡선을 그리며 내려오면 이 별이 보이기에 이와 같은 별명으로 불리는 듯하다. 동양에서는 황도 12궁과 함께 28수 별자리를 사용하는데, 아르크투루스는 항수(亢宿)에서 대각성(大角星)으로 불렸다. 다른 성경에서 북두성은 국자 모양의 북두칠성을 가리킨다. 동양이나 서양이나 이 별자리의 모양은 같다. 북반구에 위치한 곳에서는 북두성이 밤하늘에서 거의 언제나 관측되는 별자리(주극성)이기에, 위치에 따라 계절과 시각을 알 수 있다.

삼성은 현재 오리온자리에 있는 세 개의 별을 가리킨다. 가을이 되면 초저녁에 동쪽에서 떠오르지만, 겨울이 되면 남쪽에 보이며 서쪽으로 지는 모습이 관측된다. 묘성은 황소자리에 위치해 있는데, 여러 개의 별이 모여 성단을 이루어 '좀생이별'이라 불리는 플레이아데스 성단을 가리킨다. 그런데 묘성이 있는 묘수(昴宿), 삼성이 있는 삼수(參宿), 대각성인 아르크투루스가 있는 항수(亢宿)는 모두 28수 중의 하나이다. 이는 동양에서 천체의 위치를 어느 수(宿)에 있는지로 나타낸 것이다. 그러나 서양에서는 황도 12궁으로 이를 나타냈으며, 성경에는 이를 열두 궁성으로 표현하고 있다.

남방의 밀실은 어떤 별을 가리키는지 불명확하나, 카노푸스

(Canopus)가 속한 별자리인 듯하다. 우리나라에서는 카노푸스를 노인성이라 부른다. 이 별은 북반구에서 남쪽으로 내려가야 볼 수 있으며, 겨울철 초저녁에 남쪽 지평선 근처에 나타나기에 관측하기가 매우 어렵다. 그래서 이 별을 한 번만 보아도 무병장수한다는 전설이 있어 노인성이라 부르는 것 같다. 욥기가 기록될 당시에 어떠한 별들을 관측하여 알고 있었는지를 엿볼 수 있다. 이러한 별자리 관측은 기원전 오래전부터 인류가 해왔음을 성경의 본문을 통해서도 확인할 수 있다.


## 7. 나가면서

이 글을 마무리하며 성경을 통해 지구 나이를 6,000년 정도로 어떻게 계산한 것인지가 궁금했다. 그렇다고 해서 내가 여기서 지구의 나이가 6,000년 정도라고 주장하는 것은 아니다. 지구의 나이는 45억 년 정도 됨을 방사성 동위원소 측정 방법으로 과학은 말한다. 그러기에 아래 내용은 호기심에서 정리해 본 것이다.

17세기 아일랜드 주교였던 제임스 어셔(James Ussher, 1581~1656)는 성경을 문자적으로 그대로 받아 우리가 사는 지구는 기원전 4004년 10월 23일(추분) 자정에 창조되었다고 하였다. 어셔 주교의 계산 대신에 필자도 성경에 기록된 연대를 가지고 이러한 값이 대략 나오는지 추정해 보도록 하겠다.

창세기 5장에는 아담의 계보가 나와 있다. 아담부터 셈과 함과 야벳이 태어날 때까지의 햇수를 알 수 있다. 5장 본문으로 계산해 보면 1,556년이 나온다.

1 이것은 아담의 계보를 적은 책이니라 하나님이 사람을 창조하실 때에 하나님의 모양대로 지으시되

2 남자와 여자를 창조하셨고 그들이 창조되던 날에 하나님이 그들에게 복을 주시고 그들의 이름을 **사람**이라 일컬으셨더라

3 **아담**은 **백삼십 세**에 자기의 모양 곧 자기의 형상과 같은 아들을 낳아 이름을 **셋**이라 하였고

4 아담은 셋을 낳은 후 팔백 년을 지내며 자녀들을 낳았으며

5 그는 구백삼십 세를 살고 죽었더라

6 **셋**은 **백오 세**에 **에노스**를 낳았고

7 에노스를 낳은 후 팔백칠 년을 지내며 자녀들을 낳았으며

8 그는 구백십이 세를 살고 죽었더라

9 **에노스**는 구십 세에 **게난**을 낳았고

10 게난을 낳은 후 팔백십오 년을 지내며 자녀들을 낳았으며

11 그는 구백오 세를 살고 죽었더라

12 **게난**은 **칠십 세**에 **마할랄렐**을 낳았고

13 마할랄렐을 낳은 후 팔백사십 년을 지내며 자녀들을 낳았으며

14 그는 구백십 세를 살고 죽었더라

15 마할랄렐은 **육십오 세**에 **야렛**을 낳았고

16 야렛을 낳은 후 팔백삼십 년을 지내며 자녀를 낳았으며

17 그는 팔백구십오 세를 살고 죽었더라

18 **야렛**은 **백육십이 세**에 **에녹**을 낳았고

19 에녹을 낳은 후 팔백 년을 지내며 자녀들을 낳았으며

20 그는 구백육십이 세를 살고 죽었더라

21 **에녹**은 **육십오 세**에 **므두셀라**를 낳았고

22 므두셀라를 낳은 후 삼백 년을 하나님과 동행하며 자녀들을
낳았으며

23 그는 삼백육십오 세를 살았더라

24 에녹이 하나님과 동행하더니 하나님이 그를 데려가시므로 세
상에 있지 아니하였더라

25 **므두셀라**는 **백팔십칠 세**에 **라멕**을 낳았고

26 라멕을 낳은 후 칠백팔십이 년을 지내며 자녀를 낳았으며

27 그는 구백육십구 세를 살고 죽었더라

28 **라멕**은 **백팔십이 세**에 아들을 낳고

29 이름을 **노아**라 하여 이르되 여호와께서 땅을 저주하시므로 수
고롭게 일하는 우리를 이 아들이 안위하리라 하였더라

30 라멕은 노아를 낳은 후 오백구십오 년을 지내며 자녀들을 낳
았으며

31 그는 칠백칠십칠 세를 살고 죽었더라

32 **노아**는 **오백 세** 된 후에 **셈과 함과 야벳**을 낳았더라

또한 셈 이후 아브람까지의 족보가 창세기 11장 10~26절에 나와 있다. 나와 있는 햇수를 모두 더하면 390년이 나온다.

10 셈의 족보는 이러하니라 **셈**은 **백 세** 곧 홍수 후 이 년에 **아르박삿**을 낳았고

11 아르박삿을 낳은 후에 오백 년을 지내며 자녀를 낳았으며

12 **아르박삿**은 **삼십오 세**에 **셀라**를 낳았고

13 셀라를 낳은 후에 사백삼 년을 지내며 자녀를 낳았으며

14 **셀라**는 **삼십 세**에 **에벨**을 낳았고

15 에벨을 낳은 후에 사백삼 년을 지내며 자녀를 낳았으며

16 **에벨**은 **삼십사 세**에 **벨렉**을 낳았고

17 벨렉을 낳은 후에 사백삼십 년을 지내며 자녀를 낳았으며

18 **벨렉**은 **삼십 세**에 **르우**를 낳았고

19 르우를 낳은 후에 이백구 년을 지내며 자녀를 낳았으며

20 **르우**는 **삼십이 세**에 **스룩**을 낳았고

21 스룩을 낳은 후에 이백칠 년을 지내며 자녀를 낳았으며

22 **스룩**은 **삼십 세**에 **나홀**을 낳았고

23 나홀을 낳은 후에 이백 년을 지내며 자녀를 낳았으며

24 **나홀**은 **이십구 세**에 **데라**를 낳았고

25 데라를 낳은 후에 백십구 년을 지내며 자녀를 낳았으며

26 **데라**는 **칠십 세**에 **아브람과 나홀과 하란**을 낳았더라

아담부터 아브람이 태어날 때까지의 기간은 1,946년이다. 인터넷에서 '성경 연대기'를 검색해 보면 아브라함의 출생이 기원전 2165년경으로 나오는데, 올해가 2025년이므로 현재로부터 아브라함이 태어난 시점까지는 대략 4,190년 전이 된다. 이제 아담부터 아브라함이 태어날 때까지의 기간이 1,946년이므로, 아담부터 지금까지의 기간은 대략 6,136년이 된다. 즉, 기원전 4,111년경이 아담이 태어난 시점으로 보인다.

6일 창조설에 의하면 아담은 여섯째 날에 창조되었다. 6일 창조의 '6일'을 현재의 하루 개념으로 본다면 전체 연수에 비해 무시할 수 있을 정도로 짧기에 계산에 포함하지 않겠다. 따라서 성경 연대기에 따른 세상의 나이는 현재 계산에 의하면 6,136년 정도이다. 그런데 현대 지질학에서는 지구의 나이를 대략 45억 년 정도로 보고 있다. 창세기 5장 2절을 보면 하나님이 남자와 여자를 창조하시고 그들을 사람이라 일컬으셨다고 기록되어 있는데, 이는 기원전 4100년 이전의 일이다. 필자는 아담을 특정한 한 개인이라기보다는 일반적인 사람으로 보고 싶다. 그때는 사람들이 가축을 기르고 농사를 지으며 부족을 이루어 살아가던 시기라 여겨진다. 이는 청동기 시대(기원전 3500~1500년경) 이전의 신석기 시대(대략 기원전 6500년 이전부터 시작된 시기)의 맥락으로 이해된다.

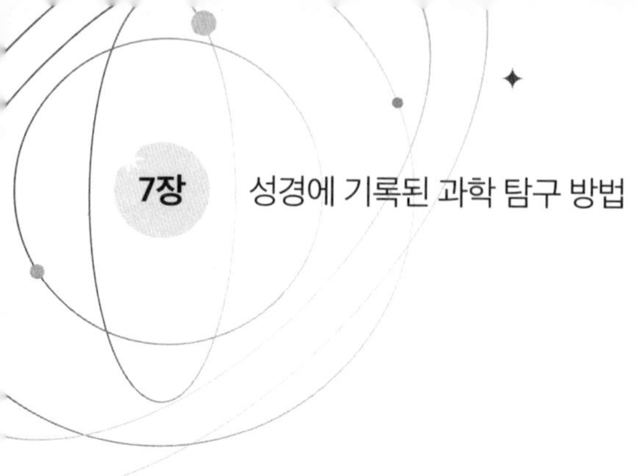



## 1. 들어가기

지난 글에서 아담이 살던 시기를 자연과학적으로는 신석기 시대로 보았다. 창세기 4장에서는 가인의 자손을, 창세기 5장에서는 셋의 자손을 기록하고 있다. 라멕의 둘째 아내인 씰라는 두발가인을 낳았는데, 창세기 4장 22절에 따르면 그는 구리와 쇠로 여러 가지 기구를 만드는 장인이었다. 일반적으로 청동기는 구리와 주석을 섞은 합금이다. 성경에는 '쇠'로 번역되어 있으나, 정황상 철(iron)보다는 다른 금속 혹은 합금을 의미하는 것으로 보인다. 따라서 이 시기는 대략 기원전 3500~1500년 어간인 청동기 시대로 추정된다. 참고로 철기 시대는 이보다 더 늦게 시작되어 지역에 따라 기원전 1200~600년경으로 추정한다. 아담의 시대인 신석기 시대의 동굴 벽화나 암벽화를 보면 동식물, 사냥,

사람들의 생활 등을 묘사하여 그들의 삶을 표현해 놓았다. 수만 년 전 구석기 시대부터 남겨진 벽화들을 관찰해 보더라도, 인류는 아주 오래전부터 자연을 관찰하고, 정보를 수집 및 저장하여 이를 기록을 통해 자손들에게 전수해 왔음을 알 수 있다.

이러한 정보의 수집과 기록, 저장은 하나님께서 인류에게 주신 축복이며, 이를 통해 인류는 문화를 형성하고 학문을 발달시키며 자연 세계를 돌보고 있다. 또한 창세기 4장에 의하면 아벨은 양 치는 자였고 가인은 농사짓는 자였다. 라멕의 첫째 아내인 아다의 아들 야발은 장막에 거주하며 가축을 치는 자였고, 그의 아우인 유발은 수금과 퉁소를 잡는 모든 자의 조상이 되었으며, 둘째 아내 씰라의 아들 두발가인은 구리와 쇠로 여러 가지 기구를 만드는 자였다. 아담은 주로 수렵 생활을 했지만, 그 자손들은 양을 치고, 농사를 지으며 장막을 치고 가축을 키웠다. 또한 음악을 즐기며 생활에 필요한 도구를 주로 청동으로 만들어 사용하기 시작했다. 이는 인류의 문명과 기술이 점진적으로 발달하고 있었음을 의미한다. 그렇다면 "성경 속에도 인간이 과학을 수행하는 모습이 묘사되어 있을까?" 하는 의문이 생긴다. 물론 인류의 '과학하기'(doing science)는 고고학이나 인류학 연구를 통해 답을 얻을 수 있을 것이다. 그러나 필자는 학문적 호기심을 가지고 성경에 기초하여 이 의문에 대한 답을 시도해보려 한다.

## 2. 성경에 기록된 첫 번째 과학 탐구 방법

창세기 2장 19절과 20절 상반절에는 성경에서 아담(사람)이 하는 최초의 과학 활동이 언급되어 있다. 이 구절을 읽어 보자.

19 여호와 하나님이 흙으로 각종 들짐승과 공중의 각종 새를 지으시고 아담이 무엇이라고 부르나 보시려고 그것들을 그에게로 이끌어 가시니 아담이 각 생물을 부르는 것이 곧 그 이름이 되었더라

20 아담이 모든 가축과 공중의 새와 들의 모든 짐승에게 이름을 주니라

하나님께서 각종 들짐승과 각종 새를 지으시고 그것들을 아담에게 이끌어 가셨다. 따라서 아담은 이 때에 들짐승과 새를 보고 분류(classification)하며, 동정(identification)했을 것이다. 즉 아담은 귀납적인 과학 탐구 방법을 이용하였다.

### 귀납적 접근 (Inductive approach)

일반적으로 사물이나 현상을 처음 접할 때는 그에 대한 정보가 부족하므로 대개 귀납적인 접근을 하게 된다. 귀납적 접근이란 특정한 사례나 관찰을 바탕으로 일반적인 원리나 법칙을

도출하는 방법이다. 이는 과학적 연구, 논리적 추론, 그리고 문제 해결의 전 과정에서 널리 사용되며 일반적으로 다음과 같은 단계를 거친다.

- **관찰**: 특정 현상이나 사례를 주의 깊게 관찰한다. 이 단계에서는 기초 자료를 수집하고 다양한 사례를 분석한다.
- **패턴 인식**: 관찰한 사례들에서 공통된 패턴이나 경향성을 찾아낸다. 여러 사례를 비교하여 유의미한 유사성을 발견하는 것이 중요하다.
- **일반화**: 발견한 패턴을 바탕으로 일반적인 원리나 법칙을 도출한다. 다만 주의해야 할 점은 귀납적 일반화가 항상 절대적인 진리인 것은 아니며, 특정 사례가 모든 경우에 적용되지 않을 수도 있다는 점이다.
- **검증**: 도출한 일반 원리를 다른 사례에 적용하여 검증한다. 이 단계에서 원리가 타당한지 확인하고 필요에 따라 수정한다.

귀납적 접근은 과학적 방법론의 중요한 부분으로, 새로운 이론이나 가설을 제안하는 데 크게 기여한다. 그러나 귀납적 추론은 확률적이며 항상 진리를 보장하지는 않기 때문에, 이를 보완하고자 연역적 접근(Deductive approach)을 함께 사용하는 것이 일반적이다.

## 관찰 (observation)

　귀납적인 접근을 할 때 가장 먼저 수행하는 단계가 바로 관찰이다. '관찰'은 특정 현상이나 대상을 주의 깊게 살펴보는 과정이다. 관찰은 다양한 분야에서 핵심적인 연구 방법론으로 사용되며, 그 목적과 방식은 각기 다를 수 있다. 과학에서는 실험이나 연구를 통해 얻은 자료를 수집하고 분석하기 위해 관찰이 필수적이다. 과학적 관찰은 객관적이고 체계적이어야 하며, 반복 가능성을 고려하여 이루어져야 한다. 예를 들어, 천문학자는 별의 움직임을 관찰하여 우주의 법칙을 이해하려고 노력한다. 심리학에서는 인간의 행동과 심리를 파악하기 위해 관찰을 적극적으로 활용한다. 연구자는 실험실이나 자연환경에서 사람들의 행동을 관찰하고, 이를 통해 심리적 패턴이나 경향을 분석한다. 사회학에서도 사회적 현상이나 집단의 행동을 이해하기 위해 관찰을 활용한다. 특정 공동체의 문화적 관습이나 상호작용을 관찰하여 사회적 구조를 분석하는 것이 그 예다. 교육 현장에서는 학생들의 학습 행동이나 상호작용을 관찰하여 교육 방법을 개선하고, 학생의 요구(needs)를 이해하는 데 도움을 얻는다. 교사는 학생의 참여도나 이해도를 관찰하여 수업의 속도나 내용을 조정할 수 있다. 일상생활에서도 사람들은 주변 환경이나 타인의 행동을 관찰하여 정보를 얻고 의사 결정을 내린다. 친구의 감정을 관찰하여 그에 맞는 반응을 결정하는 것 또한 관찰의 결과이다. 이

처럼 관찰은 정보를 수집하고 통찰을 심화하며 문제를 해결하는
데 중요한 역할을 한다.

## 분류 (classification)

자연을 관찰하면 필연적으로 분류의 과정을 거치게 된다.
'분류'는 사물, 개념, 정보 등을 특정 기준에 따라 그룹화하거나
범주(Categorization)화하는 과정이다. 분류는 다양한 학문 분야에
서 중요한 역할을 수행한다. 자연과학의 한 분야인 생물학에서
는 생물체를 종, 속, 과, 목, 강, 문, 계 등으로 나누는 체계적인 분
류 체계를 사용한다. 이를 통해 생물의 다양성을 체계적으로 이
해하고, 생물 간의 관계를 명확히 할 수 있다. 데이터베이스나 정
보 시스템에서는 데이터를 효율적으로 관리하고 검색하기 위해
정보를 범주별로 분류한다. 예를 들어, 도서관에서는 책을 주제,
저자, 출판 연도 등에 따라 분류한다. 기계 학습에서의 분류는 주
어진 데이터를 기반으로 해당 데이터가 특정 클래스나 카테고
리 중 어디에 속하는지 예측하는 모델을 구축하는 과정이다. 이
메일을 스팸(spam)과 정상 메일(non-spam)으로 분류하는 알고리즘
이 대표적인 예이다. 심리학에서는 개인의 행동이나 성격을 특
정 이론이나 모델에 따라 분류하여 분석한다. 예를 들어, 성격 유
형 이론에 따라 사람들을 여러 유형으로 나누는 것이 이에 해당
한다. 사회학에서도 개인이나 집단을 사회적 특성(예: 성별, 인종, 경제

적 지위 등)에 따라 분류하여 사회적 현상을 연구한다.

## 동정 (identification)

관찰하여 분류하는 과정에는 동정의 과정이 포함된다. 동정은 개인, 객체 또는 개념의 정체성을 인식하거나 확립하는 과정이다. 개인 동정은 개인의 신원을 확인하는 과정으로, 종종 여권, 운전면허증 또는 생체 데이터(지문이나 얼굴 인식 등)와 같은 문서를 통해 이루어진다. 생물학에서의 동정은 유기체의 종이나 분류학적 위치를 결정하는 과정이며, 형태적 특성, 유전자 분석 또는 생태적 데이터 등을 활용한다. 어떤 생명체를 발견했을 때, 동정의 과정을 거쳐야만 그 생명체가 어떤 종류인지를 식별할 수 있다. 데이터 관리 및 분석에서의 동정은 데이터 포인트나 레코드를 인식하고 분류하는 과정을 의미하며, 대개 분석이나 보고의 목적을 위해 수행된다. 심리학적 동정은 개인이 불안이나 불안정성을 극복하기 위해 타인의 특성이나 행동을 채택하는 방어 기제를 의미하기도 한다. 연구 맥락에서 동정은 연구의 명확성과 정확성을 보장하기 위해 변수, 주제 또는 현상을 정의하고 분류하는 과정을 뜻한다. 창세기 2장 19절과 20절 상반절을 보면, 아담이 각종 들짐승과 새를 귀납적인 접근을 통해 관찰하고, 동정하며 분류하여 이름을 짓게 된 과정을 엿볼 수 있다. 필자는 이 구절이 성경에 기록된 인류의 첫 번째 과학적 탐구 활동이 아닐까 생각한다.

### 연역적 접근(deductive approach)

연역적 접근은 일반적인 원리나 이론에서 출발하여 구체적인 사례나 결론을 도출하는 방법이다. 이 접근법은 논리적 추론을 통해 보편적인 사실이나 법칙을 바탕으로 특정한 상황이나 사례에 대한 결론을 이끌어 낸다. 즉, 일반적인 원리를 토대로 구체적인 사례를 분석하는 것이다. 결론은 전제(前提)에 따라 논리적으로 지지받아야 하며, 전제가 참이라면 결론도 반드시 참이어야 한다는 논리적 일관성을 갖는다. 이 접근은 가설을 세우고 이를 검증하는 데 유용하다. 연구자는 특정 이론을 바탕으로 가설을 설정하고, 이를 실험이나 관찰을 통해 검증하게 된다. 예를 들어, "모든 사람은 죽는다"라는 일반적인 원리에서 "소크라테스는 사람이다"라는 구체적인 사례를 통해 "소크라테스는 죽는다"라는 결론을 도출할 수 있다. 이러한 연역적 접근은 과학적 연구뿐만 아니라 수학, 철학 등 다양한 학문 분야에서 논리적 타당성을 확보하기 위해 널리 사용된다.

### 귀추적 추론

귀추(abduction) 혹은 귀추적 추론(abductive reasoning)은 관찰된

현상 집합에 대한 최선의 설명을 찾는 논리적 추론의 한 형태이다. 이는 과학적 추론, 진단 과정, 일상적인 문제 해결에서 일반적으로 사용된다. 귀추는 일반 원칙에서 특정 결론을 도출하는 연역(deduction)이나 특정 사례로부터 일반화하는 귀납(induction)과는 달리, 사용 가능한 증거를 설명할 수 있는 가장 그럴듯한 가설을 생성하는 데 중점을 둔다.

귀추 과정은 일반적으로 다음과 같은 단계로 진행된다. 즉, 관찰을 통해 놀랍거나 설명되지 않은 현상을 발견하고, 관찰을 설명할 수 있는 가능한 설명이나 가설을 제안하여 생성한다. 그리고 기존 지식과 증거를 바탕으로 가설의 타당성을 평가한다. 예를 들어, 집에 돌아왔을 때 땅이 젖어 있다면, '비가 왔다'고 귀추적 추론을 할 수 있다. 이 가설이 반드시 진실일 필요는 없지만(즉 누군가 정원에 물을 줄 수도 있으나), 관찰에 대한 그럴듯한 설명이다. 특히 화석 연구에서 이 방법을 많이 사용한다. 이 추론은 의학과 같은 분야에서도 특히 유용한데, 의사들이 증상을 바탕으로 진단을 내리거나 실험과학에서 과학자들이 실험 결과를 설명하기 위해 가설을 세울 때 사용된다. 이 방법은 지질학, 화석을 통한 고생물학, 인류학 등의 연구에서도, 과학과 신학의 연구에서도 흔히 사용할 수 있다. 그러나 귀추적 추론에 의한 결과가 항상 참인 것은 아니다.

## 3. 예수 부활 사건 (event)

필자가 자주 받는 질문 중 하나는, 어떻게 예수의 부활을 믿느냐는 것이다. 만약 예수의 부활을 과학적으로 증명할 수 있다면 우선 기독교는 종교가 될 수 없다. 종교는 항상 미스터리한 현상, 즉 우리가 이성적인 접근으로는 전혀 이해할 수 없는 그 무엇이 존재한다. 성경에 기록되어 있는 기적 사건을 일일이 과학으로 증명하려 든다면, 과학을 신앙보다 상위에 두는 셈이 되므로 필자가 굳이 기독교를 종교로 믿을 이유가 사라진다. 즉, 과학이 모든 것을 입증한다면 기독교인으로 남을 근거가 빈약해진다. 과학으로 증명할 수 없기에 기적(miracle)인 것이며, 그렇기에 기독교는 믿음의 종교가 된다.

사도 바울은 고린도전서 15장 1~4절에서 복음의 핵심으로 예수의 죽음과 부활을 강조한다. 그는 "그리스도께서 성경대로 우리의 죄를 위하여 죽으시고, 장사된 바 되었다가 성경대로 사흘 만에 다시 살아나셨다"고 기록하였다. 고린도전서 15장 17절에서는 "그리스도께서 다시 살아나신 일이 없으면 너희의 믿음도 헛되고 너희가 여전히 죄 가운데 있을 것"이라고 말하며, 부활의 중요성을 강조한다. 로마서 8장 34절은 "누가 정죄하리요 죽으실 뿐 아니라 다시 살아나신 이는 그리스도 예수시니"라고 하며, 예수의 부활이 신자들에게 구원의 확신을 준다고 설명한다. 로마서 6장 4절에서는 "우리가 그의 죽으심과 합하여 세례를 받음으로 그와 함께 장사되었나니 이는 아버지의 영광으로 말미암아 그리스도를 죽은 자 가운데서 살리심과 같이 우리로 또한 새 생명 가운데서 행하게 하려 함이라"라고 하여, 부활이 신자들의 새로운 삶과 연결된다고 설명하고 있다. 따라서 예수 부활은 기독교의 핵심이다.

바울에 따르면 예수의 부활은 신자들에게 구원의 확신을 주며, 믿음의 기초가 됨은 물론 신자들이 새로운 삶을 살 수 있는 근거가 된다. 이는 세례를 통해 그리스도와 함께 죽고 다시 살아나는 상징으로 나타난다. 예수 부활에 대한 증거는 역사적, 신학적, 그리고 개인적 경험을 통해 다양한 관점에서 제시되어 왔다. 예수 부활의 여러 증거를 다음과 같이 정리한다.

### 역사적 증거

- **빈 무덤 사건**: 예수의 무덤이 비어 있었다는 사실은 부활의 중요한 증거로 여겨진다. 예수의 시신이 무덤에서 사라졌다는 기록은 여러 복음서에서 일관되게 나타난다.
- **부활의 목격자**: 예수께서는 부활 후 40일 동안 여러 사람에게 나타나셨다. 이 중에는 막달라 마리아, 두 제자, 베드로, 그리고 500명 이상의 사람들이 포함되어 있다.
- **사도 바울의 증언**: 바울은 고린도전서에서 500명 이상의 부활 목격자들이 여전히 살아 있다고 언급하며, 이들이 부활의 증인으로서 신뢰성을 더해준다고 하였다.

신앙적 증거

- **제자들의 변화**: 예수의 부활 후, 제자들은 두려움에서 벗어나 담대하게 복음을 전파하기 시작했다. 이들은 대부분 순교의 길을 선택하였는데, 이는 그들이 부활을 확실히 믿었음을 방증한다.
- **예수의 예언**: 예수는 자신의 죽음과 부활에 대해 여러 차례 예언하였으며, 이는 구약 성경에서도 이미 예언된 바 있다.

개인적 경험

- 많은 그리스도인은 개인적인 신앙 체험을 통해 예수의 부활을 믿는다. 이들은 기도를 통해, 성경을 읽으며, 그리고 공동체의 예배를 통해 부활의 진리를 경험하고 있다.

즉, 예수의 부활을 직접 증명할 수 없지만 위에 언급한 역사적 증거, 신앙적 증거, 그리고 개인적 경험 등을 통해 예수의 부활을 믿게 된다.

천문학에도 이렇게 증거를 통해 믿어야 하는 실체가 있는가? 이러한 천체 중에 블랙홀이 있다. 블랙홀은 중력이 너무 강해서 빛조차도 탈출할 수 없는 천체이다. 빛이 탈출하지 못하기에 블랙홀 자체는 직접적인 관측이 불가능하다. 블랙홀을 처음으로 제안한 사람은 1783년 존 미첼(John Michell)로, 그는 탈출 속도 개념을 이용하여 블랙홀의 존재를 설명했다.

　　지금까지 블랙홀의 존재는 여러 가지 관측 증거와 이론적 근거를 통해 증명되었다. 먼저 아인슈타인의 일반 상대성 이론은 중력이 질량에 의해 공간과 시간을 휘게 만든다고 설명한다. 이 이론에 따르면, 충분히 큰 질량이 작은 공간에 집중되면 중력이 극도로 강해져 블랙홀이 형성될 수 있다. 2015년, LIGO(레이저 간섭계 중력파 관측소)는 두 개의 블랙홀이 합쳐지는 과정에서 발생한 중력파를 처음으로 감지했다. 이 중력파 관측은 블랙홀의 존재를 입증하는 중요한 증거로 여겨진다.

　　또한 천문학자들은 X선 이중성계를 통해 블랙홀을 간접적으로 관측했다. 예를 들어, X선이 방출되는 물질이 블랙홀 주위에서 빠르게 회전하며 블랙홀로 낙하하는 과정에서 발생하는 X선 방출을 관측함으로써 블랙홀의 존재를 확인할 수 있다. 또한 우리은하의 중심에 있는 Sagittarius A*라는 천체는 매우 강한 중력을 가지고 있고, 주변 별들이 이 천체 주위를 빠르게 돌고 있는 모습을 관측할 수 있었다. 이 별들의 궤도를 분석하면, 이 천체가 초질량 블랙홀임을 확인할 수 있다. 2019년, 사건의 지평선 망원경(Event Horizon Telescope)은 M87 은하의 중심에 있는 블랙홀의 사건의 지평선의 그림을 처음으로 촬영했다. 이 이미지는 블랙홀의 존재를 시각적으로 증명하는 중요한 이정표가 되었다. 그렇지만 이는 블랙홀 주변이지 블랙홀 자체는 아니다. 이러한 여러 가지 증거들은 블랙홀이 실제로 존재한다는 것을 강력하게 지지한다.

이러한 모든 블랙홀에 대한 증거는 직접적이기보다 간접적이다. 간접적인 증거들이지만 이는 분명한 블랙홀의 존재에 대한 증거이다. 예수 부활에 대한 증거도 마찬가지이다. 비록 간접적이긴 하지만, 이러한 간접적인 증거를 통해 충분히 예수 부활을 확신할 수 있다. 기독교인이자 천문학자인 필자는 이러한 추론을 통해 예수님의 부활을 확신하고 믿을 수 있었다.

## 4. 양자의 이중성과 상보성

1913년에 닐스 보어(Niels Bohr, 1885~1962)는 수소 원자의 선 스펙트럼을 효과적으로 설명하기 위해, 보어 원자모형을 제안했다. 즉 수소 원자에 있는 전자는 핵에 있는 양성자에 의해 전자기력에 의해 묶여 있으며, 이 전자기력과 전자의 원심력이 평형을 이룬다. 이를 식으로 나타내면 $\frac{e^2}{r^2} = m\frac{v^2}{r^2}$이다. 여기서 $e, r, m, v$는 각각 쿨롱 상수, 전자의 전하량, 전자 궤도의 반경, 전자의 질량, 전자의 원운동 속도이다. 또한 공전하는 전자는 각운동량을 가지는데, 이를 식으로 나타내면 $mvr = n\hbar$가 된다. 여기서 $\hbar = h/2\pi$로 $h$는 플랑크 상수이고, $n$은 주양자수로 1은 기저 상태, 2는 첫 번째 들뜸 상태, 3은 두 번째 들뜸 상태 등이다. 이 두 식을 이용하여 $v$를 소거하면 $r = \frac{\hbar^2}{me^2}n^2$이 되어, 기저 상태(ground state, $n=1$)에서는 원궤도의 반경이 대략 $r = \frac{\hbar^2}{me^2} = 0.53\text{Å}$이 된다.

여기서 $1Å=10^{-10}m$이다. 또한 이 식을 이용하여 $n$ 준위의 에너지를 계산해 보면 $E = - \dfrac{e^4 m}{2\hbar^2 n^2} = - \dfrac{R_E}{n^2} \simeq - \dfrac{13.6}{n^2} eV$를 얻는다. $1eV \simeq 1.6 \times 10^{-19} J$의 에너지 단위이고, $R_E = \dfrac{e^4 m}{2\hbar^2} \simeq 13.6 eV$이다. $\alpha = \dfrac{e^2}{\hbar c} \simeq \dfrac{1}{137.131}$는 미세구조상수로 알려져 있는데 $R_E = \dfrac{1}{2}(mc^2)\alpha^2$다. 여기서 $mc^2$은 전자의 정지 질량이다. 그러기에 미세 $\alpha = \sqrt{\dfrac{2R_E}{mc^2}}$ 로도 표시되는데, 만약 두 전자가 $\dfrac{\hbar}{mc}$(전자의 컴프턴 파장)만큼 떨어져 있을 때 전기적 위치에너지($\dfrac{e^2}{\hbar/mc}$)와 전자의 정지 에너지($mc^2$)의 비가 이 값이 된다. 이 값은 우주의 미세 조정을 언급할 때 매우 중요한 상수이기에 자세하게 다뤘다. 첫 에너지 준위를 $i$, 나중의 에너지 준위를 $f$라고 하면 전자가 천이 하면서 발하는 파장은 $\dfrac{1}{\lambda} = \dfrac{R_E}{hc}\left( \dfrac{1}{n_f^2} - \dfrac{1}{n_i^2} \right)$로 계산된다. 이 식은 수소 원자의 선스펙트럼을 완벽하게 설명한다.

루이 드브로이(Louis de Broglie, 1892~1987)는 보어의 아이디어를 설명하려고 노력했으며, 수소 이외에도 이론을 적용할 수 있게 되었다. 위의 각 운동량 보존식을 변형하면 $r = \dfrac{\hbar}{mv} n = \dfrac{nh}{2\pi mv}$인데 $2\pi r = n\lambda = \dfrac{nh}{mv}$라 하면 $\lambda = \dfrac{h}{mv}$인 드브로이파(물질파)의 파장을 얻는다. 여기서 $2\pi r = n\lambda$는 전자의 원 궤도 둘레 길이가 파장의 정수배가 되어야 하는 정상파 조건을 의미한다. 정상파가 아니면 그 궤도는 매우 불안정해지므로 전자가 임의의 궤도에는 있을 수 없고, 주양자수로 표시되는 안정된 궤도에만 존재한다.

플랑크 상수인 $h$의 값이 아주 작기 때문에 일상적인 물체의 운동량은 상대적으로 매우 커서, 물질파의 파장이 너무 작아 측정 불가능하다. 따라서 거시 세계의 물체는 특정 위치에 입자로서 존재하는 것처럼 보인다. 그러나 전자와 같이 질량이 작은 입자들은 거시적인 물체에 비해 매우 작은 운동량을 갖기에, 드브로이 파장은 이러한 입자들이 파동처럼 작용하는 것을 관측할 수 있을 정도로 충분히 커진다. 1927년, 데이비슨-거머 실험에서 니켈 결정체로부터 발사된 전자들이 이론치의 파장과 일치하는 회절 무늬를 만들어냈다. 더구나 그 후의 이중 슬릿 실험을 통해 파동이 보여주는 회절 및 간섭 무늬를 관찰할 수 있었는데, 각 슬릿 옆에 관측기를 설치하여 매번 빛이 어느 슬릿을 통과했는지 관찰하게 되면 간섭 무늬는 사라졌다. 따라서 전자는 파동의 성질을 가지지만 관측되는 순간 입자의 성질을 나타낸다. 아인슈타인의 광전 효과 또한 전자의 입자성을 보여주는 증거이다. 이렇듯 입자의 질량이 작아 파동과 입자의 이중성을 보이는 입자를 양자(quantum)라 하며, 1928년에 닐스 보어는 양자가 어떤 실험을 하느냐에 따라 파동 또는 입자의 성질을 보이는 원리를 '상보성의 원리'(Complementarity Principle)라고 제안했다.

양자의 이중성을 통해 필자는 예수님의 두 본성인 신성과 인성을 모두 지니신 분임을 이해하게 되었다. 예수님은 하나님이시기에 신성을 지니신다. 동시에 사람의 몸으로 이 땅에 오셨기에 인성을 지닌 분으로 인간을 대하신다. 부활하신 예수님이 곁에 계셨음에도 제자들은 그분이 예수님이신지 즉각 인식하지 못했다. 제자들의 눈이 열리고 성령을 통해 영적인 '관측'이 이루어질 때 비로소 부활하신 예수님을 보게 된 것이다. 양자역학의 상보성 원리와 마찬가지로, 예수님의 두 본성인 신성과 인성, 그리고 부활하신 예수님이 인간에게 나타나신 방식또한 상보적인 관점에서 이해할 수 있게 되었다. 물론 예수님의 두 본성을 이해하기 위해 양자의 이중성과 상보성을 원용한 것이지, 이를 통해 예수님을 물리학적으로 증명하려 한 것으로 오해해서는 안 된다.

## 5. 나가면서

이 글에서 우리는 성경에 기록된 인류 최초의 과학 활동을 고찰해 보면서, 과학적 연구 방법인 귀납적 접근, 연역적 접근, 그리고 귀추적 추론 등을 간단하게 다루어 보았다. 나아가 블랙홀의 존재를 인정하는 간접적 관측 사례를 통해 예수님의 부활 사건을 어떠한 논리로 신뢰할 수 있는지 살펴보았으며, 양자의 이중성과 상보성 원리를 빌려 예수님의 양성(신성과 인성) 및 부활 후의 현현을 고찰하였다. 이처럼 천문학과 물리학이 보여주는 논리적 추론은 난해한 신학적 개념을 체계적으로 이해하고 수용하는 데 귀중한 통찰을 제공한다.

## 1. 들어가기

   필자는 생명과학에서 다루는 '개정된 진화 이론'(revised evolution theory)에 대해 생명과학 교육 전문가를 통해 접한 바 있다. 그리고 "기원이론"[24]이라는 제목을 가진 책으로부터 진화 이론에 대해 지금까지 연구된 내용들을 읽어 볼 수 있었다. '개정된 진화 이론'도 지난 반세기를 넘게 끊임없이 발견되고 있는 화석 기록과 정교한 실험과 분자생물학 등의 도움으로 생명과학의 표준

---

24   로버트 C. 비숍, 래리 L. 펑크, 레이먼드 J. 루이스, 스티븐 O. 모시어, 존 H. 월튼,『기원이론』, 노동래 옮김 (서울: 새물결플러스, 2023). 이 책은 미국 휘튼 칼리지에서 20년 넘게 과학과 신학에 관해 각 분야의 전문 교수진이 교양 과목으로 가르쳐 온 내용을 바탕으로 쓰였다. 이 책의 내용은 현대 천문학, 지질학, 생물학, 고인류학의 표준 이론이 제공하는 우주와 태양계 및 지구, 생명, 생물다양성, 인류의 기원에 관해 설명할 뿐만 아니라 그러한 내용이 지니는 신학적, 성경적 함의도 설명한다.

이론으로 정립되어 가고 있다. 천문학자인 필자가 이 글을 통해 진화 이론을 설명하기는 불가능하다. 나는 이 분야의 전문가가 아니기 때문이다. 그러나 진화 이론에서 보여주는 여러 현상들을 '창발론적 진화론'(emergent evolution)이라는 관점에서 바라보면 이해가 가능했다.

최근 AI 시대에 발맞추어 필자도 '뤼튼'과 같은 생성형 AI를 활용해 몇 가지 질문을 던지고, 그로부터 얻은 논리적 추론들을 연결하여 아래의 글을 작성해 보았다. 마지막 부분에는 필자의 개인적인 견해를 덧붙였다.


## 2. 창발론적 진화론

창발론적 진화론은 진화의 과정에서 새로운 특성이 나타나는 현상을 설명하는 이론이다. 이 이론은 생물체의 복잡성이 단순한 요소들의 집합으로부터 자연스럽게 발생하는 것이 아니라, 특정한 조건이나 상호작용을 통해 새로운 수준의 조직이나 기능이 창발적으로 나타난다고 주장한다. 창발론적 진화론의 주요 개념은 다음과 같다. 즉,

- **창발성**: 복잡한 시스템에서 나타나는 새로운 특성이나 행동은 그 시스템의 구성 요소들이 단순히 결합된 결과가 아니라, 상호작용과 관계의 결과로 나타난다. 즉, 전체는 부분의

합 이상이라는 것이다.

- **다양한 수준의 조직**: 생물체는 세포, 조직, 기관, 개체, 생태계 등 다양한 수준의 조직을 가지고 있으며, 각 수준에서 창발적인 특성이 나타날 수 있다. 예를 들어, 세포가 모여 조직을 형성하고, 조직이 모여 기관을 형성하는 과정에서 새로운 기능이 나타날 수 있다.
- **진화의 비선형성**: 창발론적 진화론은 진화가 단순한 선형 과정이 아니라, 복잡한 상호작용과 환경적 요인에 의해 영향을 받는 비선형적 과정(non-linear process)임을 강조한다.
- **환경과의 상호작용**: 생물체는 환경과 끊임없이 상호작용하며, 이러한 상호작용이 새로운 특성의 창발에 중요한 역할을 한다.

따라서 창발론적 진화론은 생물학, 철학, 시스템 이론 등 다양한 분야에서 논의되고 있으며, 복잡한 생명체의 진화 과정을 이해하는 데 중요한 통찰을 제공한다.

또한 창발론적 진화론은 현대 생물학에 여러 가지 중요한 영향을 미치고 있다. 그중 몇 가지를 살펴보면 다음과 같다.

- **복잡계 이론의 통합**: 창발론적 진화론은 생물체의 복잡성을 이해하는 데 있어 복잡계 이론과의 통합을 촉진한다. 생물체는 단순한 구성 요소의 집합이 아니라, 이들 간의 상호작용을 통해 새로운 특성이 나타나는 복잡한 시스템으로 이

해된다. 이는 생물학적 연구에서 시스템 생물학, 생태학, 진화 생물학 등 다양한 분야의 융합을 촉진한다.

- **다양성의 이해**: 창발론적 진화론은 생물다양성이 어떻게 발생하는지를 설명하는 데 도움을 준다. 생물체가 환경과 상호작용하면서 새로운 특성이 창발하고, 이러한 특성이 진화의 과정에서 선택받아 생물다양성이 증가하는 과정을 이해하는 데 기여한다.

- **진화적 경로의 비선형성**: 창발론적 진화론은 진화가 단순한 선형 과정이 아니라, 다양한 경로와 상호작용을 통해 이루어진다는 점을 강조한다. 이는 진화의 예측 가능성을 낮추고, 다양한 진화적 결과를 이해하는 데 중요한 통찰을 제공한다.

- **생태계의 복잡성**: 생태계 내에서의 상호작용과 창발적 특성의 중요성을 강조함으로써, 생태계의 복잡성과 그 기능을 이해하는 데 기여한다. 이는 보전 생물학(conservation biology) 및 생태계 관리에 있어 중요한 시사점을 제공한다.

- **다학제적 접근**: 창발론적 진화론은 생물학뿐만 아니라 철학, 물리학, 사회학 등 다양한 분야와의 연계를 통해 다학제적 연구를 촉진한다. 이는 생명 현상을 보다 포괄적으로 이해하는 데 기여한다.

이러한 영향들은 현대 생물학의 연구 방향과 방법론에 중

요한 변화를 가져오고 있으며, 생명 현상을 이해하는 데 있어서
도 보다 통합적이고 복합적인 접근을 가능하게 한다.

창발론적 진화론은 진화 과정에서 복잡한 생물체나 생태계
가 단순한 구성 요소의 상호작용을 통해 새로운 특성을 나타내
는 현상을 설명하는 이론이다. 이 이론은 생물학적 진화뿐만 아
니라, 다양한 과학적 분야에서 복잡한 시스템의 이해에 기여하
고 있다. 창발론적 진화론의 몇 가지 예는 다음과 같다.

- **세포의 진화**: 단세포 생물에서 다세포 생물로의 진화는 창
  발론적 진화론의 좋은 예이다. 단세포 생물들이 서로 협
  력하여 다세포 생물을 형성하게 되면서, 새로운 특성과
  기능이 나타나게 된다. 예를 들어, 조류의 경우, 여러 개의
  세포가 협력하여 광합성을 수행하는 복잡한 구조를 형성
  한다.

- **사회적 곤충**: 개미, 벌, 흰개미(Termite)와 같은 사회적 곤충
  들은 개별적으로는 단순한 행동을 하지만, 집단적으로는
  복잡한 사회 구조와 행동을 나타낸다. 이러한 사회적 행
  동은 개미 집단의 생존과 번식에 중요한 역할을 하며, 개
  별 개미의 행동이 집단의 복잡성을 창출하는 예로 볼 수
  있다.

- **생태계의 상호작용**: 생태계 내에서 다양한 생물종이 서로 상
  호작용하면서 새로운 생태적 특성이 나타나는 경우도 창
  발론적 진화론의 예다. 예를 들어, 포식자와 피식자 간의

상호작용은 생태계의 균형을 유지하고, 새로운 생물종의 진화에 영향을 미칠 수 있다. 이러한 상호작용은 생태계의 복잡성을 증가시키고, 새로운 생태적 지위(niche)를 창출한다.

- **인간 사회의 진화**: 인간 사회에서도 창발론적 진화론을 적용할 수 있다. 개인의 행동이 집단의 문화, 경제, 정치적 구조를 형성하는 데 기여하며, 이러한 구조는 개인의 행동에 다시 영향을 미치는 복잡한 상호작용을 만들어낸다. 예를 들어, 기술의 발전은 사회적 상호작용과 경제 구조를 변화시키고, 이는 다시 개인의 행동에 영향을 미치는 창발적 현상으로 볼 수 있다.

이러한 예들은 창발론적 진화론이 단순한 구성 요소의 상호작용을 통해 복잡한 시스템이 어떻게 형성되고 진화하는지를 설명하는 데 유용한 이론임을 보여준다.


## 3. 복잡계

복잡계(complex systems)는 많은 구성 요소가 상호작용하여 예측할 수 없는 행동이나 패턴을 나타내는 시스템을 의미한다. 이러한 시스템은 단순한 구성 요소의 집합이 아니라, 그 구성 요소

간의 상호작용이 복잡한 결과를 초래하는 특징을 가지고 있다. 복잡계는 다양한 분야에서 연구되고 있으며, 그 예시는 다음과 같다.

- **생태계**: 생태계는 다양한 생물종과 환경 요소가 상호작용하는 복잡한 시스템이다. 각 생물종은 서로의 생존에 영향을 미치며, 이러한 상호작용은 생태계의 균형과 다양성을 유지하는 데 중요한 역할을 한다.

- **사회 시스템**: 인간 사회는 개인, 집단, 문화, 경제적 요소 등이 상호작용하는 복잡계다. 사회적 행동, 경제적 거래, 정치적 결정 등은 개인의 행동과 상호작용에 의해 형성되며, 이는 예측하기 어려운 사회적 현상을 만들어 낸다.

- **기후 시스템**: 지구의 기후는 대기, 해양, 육지, 생물체 간의 복잡한 상호작용으로 이루어진 시스템이다. 기후 변화는 이러한 상호작용의 결과로 발생하며, 예측하기 어려운 패턴을 보일 수 있다.

- **신경망**: 뇌의 신경망은 수많은 뉴런이 서로 연결되어 정보를 처리하는 복잡계이다. 뉴런 간의 상호작용은 인지, 감정, 행동 등 다양한 뇌 기능을 형성하는 데 기여한다.

- **경제 시스템**: 경제는 소비자, 생산자, 정부 등 다양한 주체가 상호작용하는 복잡계다. 시장의 변화, 가격 변동, 경제 정책 등은 이러한 상호작용의 결과로 나타나며, 예측하기 어려운 경제적 현상을 초래할 수 있다.

복잡계의 연구는 시스템의 동작 원리를 이해하고, 예측가능한 패턴을 찾으며, 시스템의 안정성과 변화에 대한 통찰을 제공하는 데 중요한 역할을 한다. 복잡계 이론은 다양한 분야에서 응용되며, 시스템의 복잡성을 이해하는 데 기여하고 있다.


## 4. 자기 조직화


자기 조직화(self-organization) 현상은 복잡계에서 나타나는 중요한 개념으로, 시스템의 구성 요소들이 외부의 명령이나 중앙 집중적인 조정 없이도 스스로 질서 있는 구조나 패턴을 형성하는 과정을 의미한다. 이러한 현상은 다양한 분야에서 관찰되며, 다음과 같은 특징을 가지고 있다.

- **자발적인 질서 형성**: 자기 조직화는 시스템의 구성 요소들이 상호작용하면서 자발적으로 질서 있는 상태로 발전하는 과정을 포함한다. 예를 들어, 개미 집단이 먹이를 찾기 위해 협력하는 방식이나, 물고기 떼가 이동할 때 형성하는 패턴 등이 이에 해당한다.

- **비선형 상호작용**: 자기 조직화는 비선형적인 상호작용에 의해 촉진된다. 즉, 작은 변화가 큰 결과를 초래할 수 있으며, 이는 시스템의 복잡성을 증가시킨다.

- **다양한 스케일에서 발생**: 자기 조직화 현상은 미시적 수준(예:

개별 세포의 상호작용)에서부터 거시적 수준(예: 기후 패턴)까지 다양한 스케일에서 발생할 수 있다.

- **적응성과 진화**: 자기 조직화는 시스템이 환경 변화에 적응하고 진화하는 데 중요한 역할을 한다. 예를 들어, 생태계에서 종 간의 상호작용은 환경 변화에 대한 적응을 통해 새로운 균형을 형성할 수 있다.

자기 조직화의 예시는 다음과 같다.

- **화학 반응**: 특정 화학 반응에서는 분자들이 자발적으로 패턴을 형성하는 경우가 있다. 예를 들어, 벨루소프-자보틴스키 반응(Belousov-Zhabotinsky reaction)에서 나타나는 색 변화는 자기 조직화의 한 예이다.
- **생물학적 시스템**: 세포의 분화 과정이나 생물체의 발달 과정에서도 자기 조직화가 중요한 역할을 한다.
- **사회적 현상**: 인간 사회에서도 집단행동, 문화의 형성, 경제적 상호작용 등에서 자기 조직화 현상이 나타난다.

자기 조직화는 복잡계의 이해를 돕고, 시스템의 동작 원리를 설명하는 데 중요한 개념으로 자리 잡고 있다.

복잡계에서 자기 조직화의 원리는 여러 가지 상호작용과 피드백 메커니즘에 기반하여 형성된다. 이러한 원리는 다음과 같은 주요 요소로 설명될 수 있다.

- **상호작용**: 자기 조직화는 시스템 내의 구성 요소 간의 상호 작용에 의해 촉진된다. 이러한 상호작용은 종종 비선형적이며, 작은 변화가 큰 영향을 미칠 수 있다. 예를 들어, 개별 개미가 서로의 행동을 관찰하고 그에 따라 반응함으로써 집단적인 행동 패턴이 형성된다.

- **피드백 메커니즘**: 자기 조직화 과정에서는 긍정적 피드백과 부정적 피드백이 중요한 역할을 한다. 긍정적 피드백은 특정 행동이나 패턴이 강화되는 과정을 의미하며, 부정적 피드백은 시스템이 과도한 변화를 억제하는 역할을 한다. 이러한 피드백 메커니즘은 시스템이 안정적인 상태로 나아가도록 돕는다.

- **자기 조정**: 시스템의 구성 요소들은 환경 변화에 따라 스스로 조정할 수 있는 능력을 가지고 있다. 이는 시스템이 외부의 간섭 없이도 스스로 질서를 유지하고 발전할 수 있게 한다. 예를 들어, 생태계에서 종들이 서로의 개체 수를 조절하며 균형을 이루는 과정이 이에 해당한다.

- **다양성과 복잡성**: 자기 조직화는 다양한 구성 요소와 복잡한 상호작용을 통해 발생한다. 이러한 다양성은 시스템이 다양한 환경에 적응할 수 있는 능력을 부여하며, 복잡한 패턴이나 구조를 형성하는 데 기여한다.

- **임계점과 임계현상**: 자기 조직화는 종종 임계점에서 발생한다. 시스템이 특정 조건을 초과하면 갑작스러운 변화가 일

어날 수 있으며, 이는 새로운 질서나 패턴을 형성하는 계기가 된다. 예를 들어, 물리적 시스템에서의 상전이(phase transition)와 같은 현상이 이에 해당한다.

- **에너지와 자원**: 자기 조직화 과정에서는 에너지와 자원의 흐름이 중요한 역할을 한다. 시스템이 에너지를 효율적으로 사용하고 자원을 최적화함으로써 자기 조직화가 촉진될 수 있다.

이러한 원리들은 복잡계의 다양한 현상을 이해하는 데 중요한 기초가 되며, 자기 조직화가 어떻게 발생하고 유지되는지를 설명하는 데 도움을 준다.

## 5. 창발 현상

복잡계에서 창발 현상(emergence)은 시스템의 개별 구성 요소들이 상호작용하면서 나타나는 새로운 패턴, 구조, 또는 행동을 의미한다. 이러한 창발 현상은 개별 요소의 특성이나 행동만으로는 설명할 수 없는, 시스템 전체에서 발현되는 고유한 특성을 포함한다. 창발 현상은 복잡계의 중요한 특징 중 하나로, 다음과 같은 몇 가지 주요 개념으로 설명될 수 있다.

- **상호작용**: 복잡계의 구성 요소들은 서로 상호작용하며, 이러

한 상호작용은 시스템의 동작에 큰 영향을 미친다. 개별 요소의 행동이 다른 요소의 행동에 영향을 미치고, 이로 인해 새로운 패턴이나 구조가 형성된다.

- **비선형성**: 복잡계는 종종 비선형적인 특성을 지닌다. 이는 작은 변화가 큰 결과를 초래할 수 있음을 의미한다. 비선형 상호작용은 창발 현상을 촉진하며, 예를 들어, 생태계에서의 종 간의 상호작용이나 경제 시스템에서의 시장 동향을 설명하는 데 중요한 역할을 한다.

- **자기 조직화**: 창발 현상은 자기 조직화와 밀접한 관련이 있다. 자기 조직화는 시스템이 외부의 지시 없이도 내부의 상호작용을 통해 질서나 구조를 형성하는 과정을 의미한다. 예를 들어, 개미 집단의 행동이나 물고기 떼의 이동은 자기 조직화의 예로, 개별 개체의 간단한 규칙이 복잡한 집단 행동으로 이어지는 것을 보여준다.

- **다양성**: 복잡계는 다양한 구성 요소와 그들 간의 상호작용으로 이루어져 있다. 이러한 다양성은 창발 현상을 촉진하며, 시스템의 복잡성과 유연성을 증가시킨다. 예를 들어, 생물다양성은 생태계의 안정성과 회복력을 높이는 데 기여한다.

- **계층적 구조**: 창발 현상은 종종 계층적 구조에서 발생한다. 즉, 하위 수준의 상호작용이 상위 수준의 패턴이나 구조를 형성할 수 있다. 예를 들어, 개별 세포의 상호작용이 조직이

나 기관의 기능을 결정하는 경우가 이에 해당한다.

- **예측 불가능성**: 창발 현상은 종종 예측하기 어렵다. 시스템의 복잡성과 비선형성으로 인해, 초기 조건이나 개별 요소의 행동이 전체 시스템의 결과에 미치는 영향을 정확히 예측하기가 어렵다. 이는 복잡계 연구에서 중요한 도전 과제가 된다.

창발 현상은 생물학, 사회학, 경제학, 물리학 등 다양한 분야에서 관찰되며, 복잡계의 이해를 통해 이러한 현상을 설명하고 예측하는 데 기여하고 있다.

복잡계에서 창발(emergence)이 일어나는 단계는 다음과 같이 요약할 수 있다.

- **개별 요소**: 복잡계는 많은 개별 요소(예: 세포, 개체, 에이전트 등)로 구성되며, 이들은 서로 상호작용한다.
- **상호작용**: 개별 요소 간의 상호작용은 비선형적이며, 이로 인해 단순 합산으로는 예측할 수 없는 결과가 발생한다.
- **패턴 형성**: 상호작용을 통해 새로운 패턴이나 구조가 형성된다. 이는 개별 요소의 행동에서 나타나지 않는 새로운 특성이다.
- **창발**: 이러한 패턴이나 구조가 임계점을 넘으면 복잡계의 전체적인 행동이나 특성을 정의하게 된다. 이는 창발적 현상으로, 개별 요소의 단순한 집합으로는 설명할 수 없다.

각 단계에서의 상호작용과 결과는 복잡계의 특성에 따라 다를 수 있다.


## 6. 고생대 생물 진화

고생대(약 5억 4천만 년 전부터 2억 5천만 년 전까지)는 생물 종들이 폭발적으로 증가한 시기로, 이 시기의 생물다양성은 지구 역사에서 중요한 전환점이 되었다. 고생대의 생물종 대폭발은 여러 요인에 의해 촉진되었다.

### 고생대의 생물다양성

- **캄브리아기 대폭발**: 고생대 초기에 발생한 이 사건은 생물의 다양성이 급격히 증가한 시기로, 다양한 해양 생물들이 등장했다. 이 시기에 삼엽충, 연체동물, 갑각류 등 다양한 생물군이 나타났다.
- **생태계 복잡성의 증가**: 다양한 생물들이 서로 상호작용하면서 생태계가 복잡해졌고, 이는 생물의 진화에 긍정적인 영향을 미쳤다.

### 환경적 요인

- **해양 환경의 변화**: 고생대 동안 해양의 화학적 조성과 온도가

변화하면서 새로운 생물들이 적응할 수 있는 환경이 조성되었다. 특히, 얕은 바다의 면적이 증가하면서 생물의 서식지가 확장되었다.

- **판게아의 형성**: 대륙이 하나로 합쳐진 판게아의 형성은 새로운 생태계를 조성하여 생물의 진화에 큰 영향을 미쳤다. 판게아의 형성은 생물의 서식지를 변화시켰고, 새로운 생물 종의 출현을 촉진했다.

### 대멸종과 생물의 진화

- **대멸종 사건**: 고생대 말에는 대규모 멸종 사건이 발생했으며, 이는 생물의 진화에 큰 영향을 미쳤다. 종의 멸종은 새로운 생태계에 적응한 생물들이 진화할 수 있는 기회를 제공했다.

고생대는 생물의 다양성이 폭발적으로 증가한 시기로, 다양한 환경적 요인과 생태계의 변화가 중요한 역할을 했다. 이러한 변화는 생물의 진화에 큰 영향을 미쳤으며, 오늘날의 생물다양성의 기초를 형성했다. 고생대의 생물 종 폭발은 지구 생명체의 진화 과정에서 중요한 이정표로 남아 있다.

# 7. 고생대 이후의 생물 진화

고생대 이후 생물 진화의 흐름은 크게 중생대와 신생대로 나눌 수 있다.

- **중생대(약 2억 5,200만 년 전~6,600만 년 전)**: 중생대는 '공룡의 시대'라고도 불리며, 이 시기에 다양한 생물군이 등장하고 번성했다. 초기 트라이아스기에는 공룡과 포유류의 조상이 나타났고, 쥐라기에는 공룡이 지배적인 육상 생물로 자리 잡았다. 백악기에는 속씨식물(피자식물)이 등장하여 생태계의 다양성을 증가시켰다. 중생대의 끝인 백악기 말에는 대량 멸종 사건이 발생하여 많은 생물 종이 사라졌다. 이 사건은 주로 소행성 충돌과 화산 활동에 의해 촉발된 것으로 여겨진다.

- **신생대(약 6,600만 년 전~현재)**: 신생대는 중생대의 대량 멸종 이후 새로운 생물군이 진화하는 시기다. 초기에는 포유류와 조류가 급격히 다양화되었고, 이 시기에 현대의 많은 생물군이 형성되었다. 특히, 신생대의 초기에는 포유류가 육상 생태계에서 주요한 생물군으로 자리 잡았고, 다양한 환경에 적응하여 여러 형태로 진화했다. 인류의 조상인 호미니드가 등장한 것은 신생대의 후기인 약 6~700만 년 전으로, 이후 인류의 진화가 계속되었다.

이러한 흐름 속에서 생물들은 환경 변화에 적응하며 진화해 왔고, 생태계의 복잡성과 다양성이 증가해 왔다.


## 8. 단속 평형 이론


단속 평형 이론(Theory of Punctuated Equilibrium)은 진화 생물학에서 제안된 이론으로, 스티븐 제이 굴드(Stephen Jay Gould, 1941~)와 닐스 엘드리지(Niles Eldredge, 1943~)가 1972년에 발표했다. 이 이론은 생물 종의 진화가 점진적인 변화가 아니라, 긴 시간 동안의 안정된 상태(단속 평형)와 짧은 시간 동안의 급격한 변화(단속적 변화)로 이루어진다고 주장한다. 이 이론의 주요 내용은 다음과 같다.

- **단속 평형**: 생물 종은 오랜 시간 동안 큰 변화 없이 안정된 상태를 유지하다가, 특정한 환경적 요인이나 사건에 의해 급격한 변화를 겪는다는 것이다. 이러한 안정된 상태를 '단속 평형'이라고 한다.
- **급격한 변화**: 환경의 변화나 대량 멸종 사건 등으로 인해 생물 종이 빠르게 변화하는 시기가 있으며, 이때 새로운 종이 나타나거나 기존의 종이 사라질 수 있다. 이러한 급격한 변화는 상대적으로 짧은 시간에 일어난다.
- **화석 기록**: 굴드와 엘드리지는 화석 기록을 통해 이론을 뒷

받침했다. 화석 기록에서 종의 변화가 점진적으로 나타나기보다는, 특정 시점에 급격한 변화가 나타나는 경향이 있음을 발견했다. 이는 단속 평형 이론을 지지하는 중요한 증거가 된다.

- **진화의 비선형성**: 굴드의 이론은 진화가 비선형적이며, 환경적 요인에 따라 다르게 나타날 수 있음을 강조한다. 이는 다윈의 자연선택 이론과는 다른 관점을 제공하고 있다.

굴드의 단속 평형 이론은 진화 생물학에서 중요한 논의의 주제가 되었으며, 생물 종의 진화 과정을 이해하는 데 기여했다. 이 이론은 진화가 단순히 점진적인 변화의 누적이 아니라, 복잡한 환경적 요인과 상호작용하는 동적인 과정임을 강조하고 있다.

## 9. 나가면서

창발론적 진화론은 물리학의 복잡계 이론을 바탕으로 한 것이며, 이 이론은 진화 생물학의 단속 평형 이론을 잘 설명한다. 지질학에서도 지각의 변화를 동일과정설[25]로 이해한다. 전체 지

---

25　동일과정설은 과거의 자연환경에 작용했던 과정이 현재의 자연현상과 같을 것이라고 하는 가설로 근대지질학의 기초가 된다.

질학적 변화를 보면 점진적이다. 그러나 그 과정에 화산, 지질 등과 같은 격변이 없는 것은 아니다. 이와 비슷하게 생물학의 진화 이론도 긴 기간으로 보면 점진적이지만 단속 평형 과정을 보여 줄 것이다. 점진적 진화 이론의 핵에 창발적 진화론을 바탕으로 하는 단속 평형 이론이라는 보조 가설을 더하여 한층 더 정교한 진화 이론을 만들어 감을 본다. 하나님을 알아 가는 신학도 여러 학문 영역과 대화하는 해석과 연구가 풍성해질 때, 비로소 하나님을 아는 지식에 더욱 가까이 갈 수 있을 것으로 생각된다.

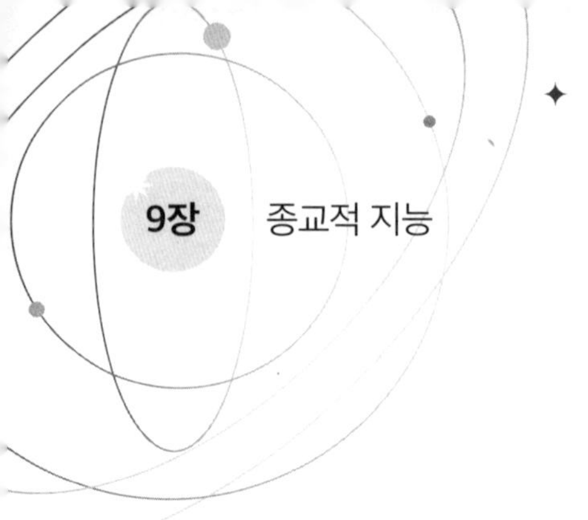



## 1. 들어가기

이 글은 필자가 과학 영재교육에 오랫동안 종사하였기에 그동안의 힌트를 얻어 다중 지능 이론으로부터 나온 종교적 지능에 대해 간단하게 알아보고자 한다. 이 분야도 요즘은 AI 시대이기에 필자도 '뤼튼'이라는 앱을 이용해서 몇 가지 질문해서 답을 얻은 것을 연결하여 아래 글을 작성하고 마지막에는 필자가 하고 싶은 의견을 제시하도록 하겠다.

## 2. 다중 지능 이론

하워드 가드너(Howard Gardner, 1943~)의 다중 지능 이론(Multiple Intelligences Theory)은 1983년에 발표된 이론으로, 인간의 지능을 단일한 개념으로 보지 않고 여러 가지 유형으로 나누어 이해해야 한다고 주장한다. 가드너는 전통적인 IQ 테스트가 인간의 지능을 충분히 반영하지 못한다고 보고, 다양한 지능의 유형을 제안했다. 그의 이론에 따르면, 사람들은 다음과 같은 여러 가지 지능을 보유하고 있다.

- **언어 지능**(Linguistic Intelligence): 언어를 사용하고 이해하는 능력. 작가, 시인, 언어학자 등이 이 유형에 해당한다.

- **논리-수학적 지능**(Logical-Mathematical Intelligence): 논리적 사고와 수학적 문제 해결 능력. 과학자, 수학자, 컴퓨터 프로그래머 등이 이 유형에 해당한다.

- **공간 지능**(Spatial Intelligence): 공간적 사고와 시각적 이미지를 다루는 능력. 화가, 건축가, 디자이너 등이 이 유형에 해당한다.

- **신체-운동 지능**(Bodily-Kinesthetic Intelligence): 신체를 사용하여 문제를 해결하거나 표현하는 능력. 운동선수, 무용가, 외과 의사 등이 이 유형에 해당한다.

- **음악 지능**(Musical Intelligence): 음악을 이해하고 창작하는 능력. 음악가, 작곡가, 음악 교사 등이 이 유형에 해당한다.

- **대인 관계 지능**(Interpersonal Intelligence): 다른 사람들과의 상호작용을 잘하고, 감정을 이해하는 능력. 교사, 상담가, 정치가 등이 이 유형에 해당한다.

- **자기 이해 지능**(Intrapersonal Intelligence): 자신의 감정과 생각을 이해하고 조절하는 능력. 철학자, 심리학자 등이 이 유형에 해당한다.
- **자연주의 지능**(Naturalistic Intelligence): 자연 세계를 이해하고 분류하는 능력. 생물학자, 환경학자 등이 이 유형에 해당한다.

다중 지능 이론은 교육 분야에서 큰 영향을 미쳤으며, 학생들의 다양한 지능을 고려한 맞춤형 교육의 필요성을 강조한다. 이 이론은 개인의 강점을 이해하고 개발하는 데 도움을 줄 수 있다.

## 3. 실천적 지능

실천적 지능은 가드너의 다중 지능 이론에서 공식적으로 언급된 8가지 지능 중에는 포함되지 않는다. 그러나 이 지능은 일반적으로 문제 해결, 상황에 맞는 판단, 그리고 실제적인 기술을 활용하는 능력으로 이해된다.

실천적 지능은 종종 대인 관계 지능(Interpersonal Intelligence)이나 자기 이해 지능(Intrapersonal Intelligence)과 밀접한 관련이 있다. 대인 관계 지능은 다른 사람들과의 상호작용에서 효과적으로 행동하는 능력을 포함하고, 자기 이해 지능은 자신의 감정과 동기를 이해하고 조절하는 능력을 포함한다. 따라서 실천적 지능은 가드너의 이론에서 명시적으로 정의되지는 않았지만, 여러 지능의 조합으로 나타날 수 있는 실제적인 역량으로 볼 수 있다.

## 4. 종교적 지능

다중 지능 이론에서 종교적 지능이라는 용어는 공식적으로 사용되고 있지 않다. 그러나 가드너는 8가지 지능을 제안하면서, 이 중 일부는 종교적 또는 영적 경험과 관련이 있을 수 있다고 했다. 가장 관련이 깊은 지능은 '자기 이해 지능'이다. 자기 이해 지능은 개인이 자신의 감정, 동기, 신념을 이해하고 반영하는 능력을 포함한다. 종교적 신념이나 영적 경험은 이러한 자기 이해와 깊은 연관성을 갖는다. 또한, '대인 관계 지능'도 종교적 공동체와의 상호작용에서 중요한 역할을 한다. 종교적 지능이라는 개념은 가드너의 이론에 포함되지 않지만, 이러한 지능들이 종교적 경험과 관련될 수 있다. 따라서 종교적 지능은 실존적 지능과 연결되어 인간의 삶과 죽음, 존재의 의미에 관한 질문을 다룬다.

### 하워드 가드너의 종교적 지능 개요

- **정의**: 종교적 지능은 인간 존재의 근본적인 질문을 탐구하는 능력으로, '왜 사는가?', '우리는 어디에서 오는가?'와 같은 질문을 포함한다.
- **특징**: 이 지능은 철학적이고 실존적인 사고를 가능하게 하며, 종교 지도자나 철학자와 같은 인물들이 이 지능을 높은 수준으로 발휘한다.

### 실존적 지능의 중요성

- **인간의 본성 탐구**: 실존적 지능은 인간의 본성과 삶의 의미를 탐구하는 데 중점을 둔다. 이는 종교적, 철학적 사유와 밀접한 관련이 있다.
- **사회적 역할**: 종교적 지능을 가진 사람들은 타인을 변화시키고, 사회에 긍정적인 영향을 미치는 경향이 있다.

### 연구와 논의

- **연구 필요성**: 실존적 지능에 대한 연구는 아직 진행 중이며, 이 지능이 뇌의 특정 부분과 어떻게 연결되는지에 대한 증거는 부족하다. 따라서 일부 학자들은 이 지능을 '후보 지능'으로 간주하기도 한다.
- **영성 지능**: 가드너는 종교적 지능을 영성 지능으로도 설명하며, 이는 존재의 목적에 대한 질문을 포함하고, 남을 위한

봉사와 같은 실천적 측면이 강조된다.

하워드 가드너의 종교적 지능은 인간 존재의 깊은 질문을 탐구하는 능력으로, 철학적이고 실존적인 사고를 가능하게 한다. 이 지능은 종교적 지도자나 철학자와 같은 인물들이 잘 발휘하며, 사회에 긍정적인 영향을 미치는 역할을 한다. 앞으로의 연구가 이 지능의 뇌와 관계를 밝혀내기를 기대한다.

## 5. 종교적 지능을 높이는 방법

종교적 지능을 높이는 방법은 다양한 접근 방식을 통해 이루어질 수 있다. 종교적 지능은 개인의 신앙, 영성, 그리고 종교적 경험을 이해하고 활용하는 능력을 포함한다. 아래에서 종교적 지능을 높이기 위한 여러 방법을 살펴보겠다.

### 명상과 기도

- **정기적인 명상**: 명상은 마음을 진정시키고 내면의 평화를 찾는 데 도움을 준다. 이는 종교적 경험을 깊이 있게 이해하는 데 기여할 수 있다.
- **기도의 실천**: 기도는 신과의 관계를 강화하고, 자신의 신념을 되새기는 기회를 제공한다. 정기적으로 기도를 실천함으로

써 종교적 지능을 높일 수 있다.

### 종교적 텍스트 연구

- **성경 및 경전 읽기**: 다양한 종교의 경전을 읽고 그 의미를 깊이 이해하는 것은 종교적 지능을 높이는 데 큰 도움이 된다. 각 종교의 교리와 철학을 탐구해 보자.
- **토론 그룹 참여**: 종교적 텍스트에 대한 토론 그룹에 참여하여 다른 사람들과의 의견을 나누고, 다양한 해석을 접하는 것도 유익하다.

### 다양한 종교 경험

- **다양한 종교 행사 참여**: 다른 종교의 예배나 행사에 참여하여 다양한 신앙 체계를 경험해 보자. 이는 종교적 관점을 넓히는 데 도움이 된다.
- **종교적 여행**: 성지 순례나 종교적 장소를 방문하는 것도 좋은 방법이다. 이러한 경험은 개인의 신앙을 더욱 깊게 할 수 있다.

### 영성 개발

- **자기 성찰**: 자신의 신앙과 영성에 대해 깊이 생각해 보는 시간을 가지자. 일기를 쓰거나, 자신의 신념을 정리하는 것도 좋다.

- **멘토와의 대화**: 신앙이 깊은 멘토와의 대화를 통해 자신의 신 앙을 점검하고, 새로운 통찰을 얻을 수 있다.

### 공동체 참여

- **종교 단체 활동**: 지역 사회의 종교 단체에 참여하여 다른 신 자들과의 교류를 통해 신앙을 나누고, 공동체의 일원으로 서의 경험을 쌓아 보자.
- **봉사 활동**: 종교적 신념에 기반한 봉사 활동에 참여함으로 써, 자신의 신앙을 실천하고, 타인과의 관계를 강화할 수 있다.

종교적 지능을 높이는 방법은 다양하며, 개인의 신앙과 경 험에 따라 다르게 적용될 수 있다. 위의 방법들을 통해 자신의 종교적 지능을 향상시키고, 더 깊은 영적 경험을 쌓아갈 수 있다. 종교적 지능은 단순한 지식이 아니라, 삶의 여러 측면에서의 깊 은 이해와 연결을 의미한다.

## 6. 종교적 지능을 가진 인물

종교적 지능은 일반적으로 개인이 자신의 신념, 가치관, 영 적 경험을 깊이 이해하고 이를 통해 삶의 의미를 찾는 능력을 의미하기에, 종교적 지능을 가진 사람들의 예로는 다음과 같은 인물들이 있다.

- **마하트마 간디**: 인도의 독립운동가로, 비폭력과 진리를 강조하며 자신의 종교적 신념을 바탕으로 사회적 변화를 이끌었다.

- **마틴 루터 킹 주니어**: 미국의 인권 운동가로, 기독교 신앙을 바탕으로 인종 차별에 맞서 싸우며 평화로운 방법으로 사회 정의를 추구했다.

- **달라이 라마**: 티베트 불교의 지도자로, 자비와 평화의 메시지를 전파하며 종교적 지혜를 통해 많은 사람들에게 영감을 주고 있다.

- **테레사 수녀**: 가톨릭 수녀로, 가난한 사람들과 병든 사람들을 돕는 일을 통해 자신의 신앙을 실천하며 많은 이들에게 영향을 미쳤다.

이러한 인물들은 자신의 종교적 신념을 바탕으로 깊은 이해와 통찰을 가지고 있으며, 이를 통해 사회에 긍정적인 영향을 미친 사례들이다.

## 7. 종교적 지능은 유전적인가 교육을 통해 길러지는 것인가?

이러한 지능에 대한 논의는 오랫동안 이어져 온 주제이며, 유전적 요소와 교육을 통한 개발 가능성 모두에 대해 다양한 관점이 존재한다.

- **유전적 지능**: 일부 연구자들은 지능이 유전적으로 결정된 부분이 크다고 주장한다. 즉, 사람의 지능은 부모로부터 물려받은 유전자의 영향을 많이 받으며, 이러한 유전적 요인이 개인의 인지 능력에 큰 역할을 한다고 본다.
- **교육과 환경의 영향**: 반면, 많은 심리학자와 교육학자들은 지능이 교육과 환경에 의해 크게 영향을 받을 수 있다고 주장한다. 적절한 교육, 자극적인 환경, 그리고 사회적 상호작용은 개인의 지능 발달에 중요한 역할을 할 수 있다. 예를 들어, 조기 교육이나 다양한 경험은 인지 능력을 향상시키는 데 도움이 될 수 있다.

결론적으로, 지능은 유전적 요소와 교육 및 환경의 상호작용에 의해 형성된다고 볼 수 있다. 개인의 지능은 유전적 요인에 의해 어느 정도 제한될 수 있지만, 교육과 경험을 통해 발전할 수 있는 가능성도 크다. 예를 들어, 부모의 유전으로 인해 어떤 분야에 탁월한 재능과 그에 대한 지능을 가졌더라도, 커가면서 그 재능을 발휘하도록 돕는 적절한 교육이 없다면 물려받은 재능과 그에 대한 지능은 퇴화될 수 있다. 그런데 어떤 분야의 지능과 재능을 물려받은 2세는 자연스럽게 그 분야에 호기심을 갖고, 재미있어하며 즐기고, 몰입하기에 시간이 지나면서 교육되고, 자신의 노력 여하에 따라 그 분야의 전문가로 성장하고 공동체에 기여한다. 최고의 경지에 오르면 영재, 수재, 천재로 불린다. 위에서 예로 든 종교적 지능을 가진 인물들은 종교적 영재라 부를 수 있다. 다른 종교에서도 마찬가지겠지만 기독교에서는 기독교적 종교 지능이 유전적인 것과 교회교육과 공동체 참여를 통한 영성 교육을 통해서 성령 충만하면 하나님의 말씀을 분별하고, 주변 사람을 이해하고 사랑하며, 세상을 향해 하나님의 나라를 실현해 나가는 실천적 행동을 통해 더욱 풍성한 삶을 이룰 수 있다.


## 8. 우리 모두는 다 다르다

지금까지 종교적 지능에 관한 일반적인 내용을 다루었다. 하워드 가드너가 다중 지능 이론을 통해 여러 가지 지능에 대해 설명하고 있지만, 모든 사람에게 정도의 차이가 있을 뿐 이 모든 지능을 다 가지고 있다. 필자의 경우에는 논리-수학적 지능이 다른 어떤 지능보다 탁월하다. 그러나 언어적 지능은 보통이거나 그 이하일 것이다. 국어와 영어가 유독 어렵게 느껴졌고 성적은

늘 중간 정도였다. 반면, 언어적 능력이 탁월한 한강 작가는 2024년 노벨 문학상 수상자가 되었다. 한강 작가의 집안에 문학적 재능이 흐른다고 들었는데, 아마도 이러한 지능을 유전적으로 물려받았을 것이다. 물려받은 재능이 있었기에 자신도 모르게 문학과 시에 몰두하여 자신의 언어적 재능을 키워 나갔을 것이다. 즉 천성(nature)이냐, 양육(nurture)이냐 하는 이분법적인 문제가 아니라, 이 둘이 합하여 자신의 전문성(professionalism)을 완성한다.

에베소서 4장 6~16절에서 몇 구절을 살펴보자.

6 하나님도 한 분이시니 곧 만유의 아버지시라 만유 위에 계시고 만유를 통일하시고 만유 가운데 계시도다(만유에 계시는 유일한 하나님)

7 우리 각 사람에게 그리스도의 선물의 분량대로 은혜를 주셨나니(천부적 지능, natural intelligence)

11 그가 어떤 사람은 사도로, 어떤 사람은 선지자로, 어떤 사람은 복음 전하는 자로, 어떤 사람은 목사와 교사로 삼으셨으니(전문성을 가진 직업, profession with expertise)

12 이는 성도를 온전하게 하여 봉사의 일을 하게 하며 그리스도의 몸을 세우려 하심이라(공동체를 세움)

16 그에게서 온 몸이 각 마디를 통하여 도움을 받음으로 연결되고 결합되어 각 지체의 분량대로 역사하여 그 몸을 자라게 하며 사랑 안에서 스스로 세우느니라(공동체 발전)

천부적인 지능 혹은 재능은 하나님께서 은혜로 주시는데, 각 사람은 천부적인 지능 혹은 재능을 길러(양육하여) 전문성을 가지고 맡은 일을 하라는 의미이다. 이는 공동체를 세우고, 발전시키는데 이 안에서 각 사람도 스스로 세워지고, 그리스도의 몸도 세워진다. 주변을 보면 사람마다 잘하는 분야가 모두 다르다. 바로 그 다름 덕분에 공동체가 유지된다. 모두 같은 일만 한다면 그 공동체는 이미 무너졌을 것이다. 모든 사람이 다르기에 공동체가 세워지고, 유지되며 발전한다. 이러한 사회가 하나님께서 원하시며, 보살피고 좋아하시는 공동체이다.

## 9. 한계는 존재한다

진공에서 빛의 속도보다 더 빠른 속도는 존재하지 않는다. 즉, 30만 km/s가 자연에서 관측되는 최고 속도이며, 물리적인 한계(limit)이다. 만약 물체가 이 속도보다 더 빠르면 빛의 속도 이상이 되지 않게 질량이 증가한다. 이러한 결과는 아인슈타인의 특수 상대성 이론으로 이해하고 있다. 실제로 우주선(cosmic ray)[26]을 관측하면 이러한 현상이 명확히 나타난다.

---

26  우주에서 지구로 유입되는 높은 에너지를 지닌 각종 입자와 방사선 등을 말한다.

또한 자연계에는 절대온도 0도 이하의 온도는 없다. 어떤 계의 절대온도가 0도라는 의미는 그 안에 존재하는 입자가 전혀 움직이지 않는다는 의미이다. 자연계에서 절대온도 0도를 만들기는 거의 불가능하다. 더군다나 절대온도 0도 근처의 극한 환경에서는 초유동 현상이나 초전도 현상 같은 특이한 양자 효과가 나타나기도 한다. 이처럼 절대온도는 온도의 하한선이다. 물은 일반적으로 1기압에서 100℃에 끓는다. 이 온도에서 액체에서 기체로 상태가 변한다. 따라서 아무리 가열하여도 1기압에서 끓는 물의 온도는 100℃이다. 즉 끓는 물의 온도 한계이다. 이렇게 자연에는 한계가 존재하고, 그 한계를 넘어서려면 뭔가로 변하거나 이상한 현상을 보이며 그 한계를 유지하려 한다.

하나님의 형상을 따라 창조된 사람도 하나님의 피조물이기에 한계가 있으며 그 한계를 넘지 못한다. 요즘 시대는 인공지능(AI) 시대이다. 10여 년 전에도 우리는 인공지능의 발전에 많은 두려움을 느꼈고, 지금도 마찬가지이다. 인공지능과 함께 로봇이 발전하고, 조만간 인간(human) 대신 '후-인간(post human) 시대'가 도래할 거라는 불안감이 있다. 그런데 AI나 '후-인간'도 인간의 한계 속에서 개발, 발전하는 것이기에 한계가 있을 것이다. 이 모든 피조물도 하나님 안에 있다. 즉 하나님은 무한하시지만, 피조물인 자연은 한계가 있다. 그러기에 인간의 피조물도 한계가 있을 수밖에 없다. 어떤 신학자는 하나님도 무한한 능력을 가지고 계시지만 겸손하게 자신을 제어하신다고 말했다. 당연히 피조물인 우리가 한계를 느끼는 것은 당연하다. 그러기에 무한한 능력을 가지신 하나님께 기도하게 된다.

## 10. 나가면서

이 글에서 다중 지능 이론의 대인 관계 지능과 자기 이해 지능으로부터 나오는 실천적 지능으로 종교적 지능을 알아보았다. 종교적 지능은 영성과 불가분의 관계가 있으며, 종교적 체험과도 연관된다. 이러한 지능을 가진 사람들은 종교적 지도자가 되어 일평생 이타적인 사랑의 삶을 산다. 이와 마찬가지로 다중 지능 이론에 따르면, 사람은 누구나 천부적 지능이 주어지고, 자신도 알게 모르게 이러한 지능으로 발휘되는 재능을 열정적인 노력을 통해 양육되고, 그 분야의 전문가가 되어 공동체에 기여한다. 그러나 피조 세계가 가지고 있는 한계가 있듯이 인간도 당연히 한계가 있다. 과학과 과학기술의 발전을 보면 무한하게 뻗어 나갈 것 같이 보이지만 한계가 있다. 우주의 궁극, 입자의 궁극, 생명의 궁극, 생물의 궁극에 대해 우리는 연구하며 알아 가는 데 한계가 있다. 학문의 핍진성도 학문의 한계를 의미한다. 그러기에 하나님을 인간이 알아 가는 데도 한계가 있다. 한계를 알기에 우리는 하나님 앞에서 겸손할 수밖에 없고, 하나님께 지혜를 구하게 된다.

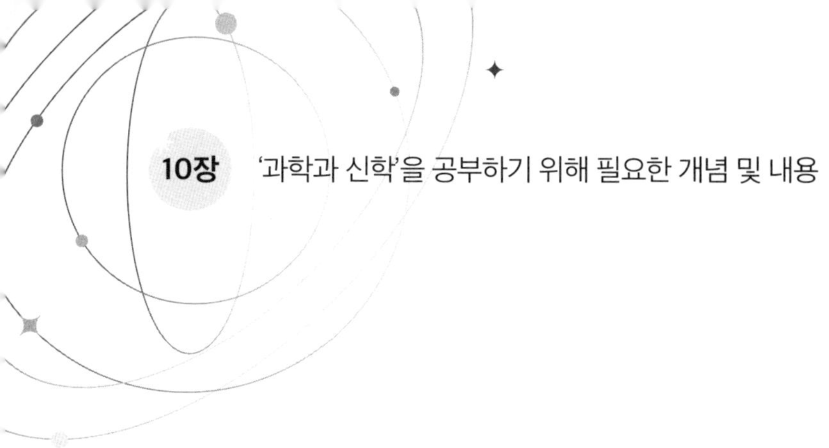



## 1. 들어가기

과학과 신학이 각각의 마지스테리움(Magisterium)을 가지고 있기에 서로 갈등 관계를 가질 때도 많지만 과학과 신학이 서로 대화하면서 자신의 마지스테리움에서 설명할 수 없는 부분을 채워 나갈 수 있으리라 생각된다. 이러한 협력과 대화는 과학 혹은 신학의 개념과 용어만으로 수행하기는 쉽지 않다. 따라서 이 두 영역을 철학적인 개념과 용어로 서로 묶어 줄 수 있다고 생각된다. 이 글에서는 과학과 신학의 대화를 위해, 자주 등장하는, 필요한 여러 개념 혹은 내용을 소개해 보려 한다.

## 2. 비판적 실재론

비판적 실재론은 과학을 이해하기 위한 철학적 접근 방식으로, 로이 바스카(Roy Bhaskar, 1944~2014)에 의해 주창되었다. 비판적 실재론은 현실 세계의 존재를 인정하면서도, 우리의 인식이 그 현실을 완전히 반영하지 못한다고 주장하는 철학적 입장이다. 이 입장은 과학적 진리를 단순히 과학자 공동체의 합의로 환원하는, '합의주의' 관점을 비판하며, 과학적 지식이 객관적이고 합리적일 수 있음을 강조한다. 물론 경험적 증거에 기반하여 지식을 형성하는 '실증주의'의 한계인 '경험적 증거가 실재를 완전히 설명하지 못한다'는 점을 극복하고자 노력한다. 또한, 인간의 경험과 해석을 중시하는 '해석학'이 주관적으로 흐를 수 있음을 경계하며 객관적 실재를 탐구하고자 한다.

이 실재론은 '역행추론'[27]을 통해 알려지지 않은 설명을 탐구하기에 과학적 방법론에서 중요한 역할을 한다. 더구나 비판적 실재론은 과학적 탐구와 인문학적 접근을 통합하여, 현실을 보다 깊이 이해하고자 하는 철학적 시도이며, 이 이론은 다양한 철학적 전통과의 대화를 통해 발전하고 있어, 현대 사회과학과

---

27 이 추론은 주어진 결과에서 원인을 추론하는 과정으로, 일반적으로 실험이나 관찰을 통해 얻은 자료를 바탕으로 이론을 발전시키는 방식이다. 이는 '창조적 도약'을 포함하여 경험의 영역에서 실재의 영역으로 나아가는 설명을 고안한다.

 어느 천문학자의 신앙과 신학적 사유

인문학의 연구에도 중요한 영향을 미치고 있다. 비판적 실재론의 접근은 우리가 현실을 이해하는 데 있어 보다 포괄적이고 깊이 있는 시각을 제공하고 있다.

비판적 실재론은 과학 연구에서 단순한 경험적 자료 수집을 넘어, 자료의 이면에 있는 구조적 원인과 메커니즘을 탐구하며, 과학적 현상은 종종 복잡하고 다차원적이기 때문에, 이러한 복잡성을 인정하고 다양한 요인들이 상호작용하는 방식을 이해하려고 한다. 그러기에 이는 과학자들이 현상을 설명하는 데 있어서 보다 깊은 통찰을 제공한다.

비판적 실재론은 신학적 논의에서도 사용되며, 신의 존재와 그 속성을 이해하는 데 있어 과학적 방법론을 통합하려 한다. 이는 신학에서 신앙과 이성을 통합하려는 노력으로, 신학적 진리를 과학적 탐구와 조화롭게 연결하려고 한다. 그러기에 신학적 주장을 보다 합리적으로 검토할 수 있는 기회를 제공한다.

비판적 실재론은 과학과 신학에서 각각의 분야가 가진 고유한 특성을 존중하면서도, 서로의 통찰을 통해 보다 깊은 이해를 추구하는 접근 방식으로, 과학에서는 복잡한 현상을 이해하기 위한 방법론으로, 신학에서는 신앙과 이성을 통합하는 도구로 활용된다. 이러한 통합적 접근은 현대 사회에서 과학과 신학 간의 대화를 촉진하고, 서로의 이해를 깊게 하는 데 기여하고 있다.

# 3. 과학적 실재론

과학적 실재론은 과학이 자연의 진리를 설명하는 데 있어, 관측 가능성과 무관하게 독립적인 실재가 존재한다고 주장하는 철학적 입장이다. 이 입장은 과학적 이론이 실제 세계의 구조와 과정을 반영한다고 믿는다.

과학적 실재론은 과학 이론이 자연의 진리를 설명하며, 관측할 수 있는 것과 없는 것 모두에 대해 설명할 수 있다고 본다. 예를 들어, 원자는 직접 관측하기 어렵지만 과학적 이론을 통해 그 존재를 인정하게 된다.

### 주요 개념

- **관측 가능성과 실재**: 과학적 실재론은 관측할 수 없는 것들(예: 원자, 전자 등)도 실재한다고 주장한다. 이는 과학 이론이 관측 가능한 현상뿐만 아니라 관측 불가능한 현상도 설명할 수 있다는 것을 의미한다.
- **과학 이론의 진리**: 과학적 이론은 시간이 지나면서 수정되거나 발전할 수 있지만, 그 이론이 설명하는 세계는 여전히 실재한다고 본다.

### 현대 과학철학과의 관계

- **과학철학의 발전**: 과학적 실재론은 현대 과학철학의 중요한

주제 중 하나로, 과학 이론의 본질과 그 이론이 설명하는 세
계의 관계에 대한 논의가 활발히 이루어지고 있다.

### 비판과 대안

- **비판**: 과학적 실재론은 모든 과학 이론이 진리를 반영한다
  고 주장하지만, 일부 철학자들은 과학 이론이 단지 관찰된
  현상을 설명하는 도구일 뿐이라고 비판한다.
- **대안 이론**: 반실재론이나 구성주의와 같은 대안적 입장도 존
  재하며, 이들은 과학 이론이 실재를 직접적으로 반영하지
  않는다고 주장한다.

과학적 실재론은 과학 이론이 자연의 진리를 설명하는 데
있어 중요한 철학적 입장이다. 이 이론은 관측할 수 없는 것들
에 대한 믿음을 포함하며, 현대 과학철학에서 중요한 논의의 주
제가 되고 있다. 과학적 실재론에 대한 이해는 과학의 본질과 그
이론이 설명하는 세계에 대한 깊은 통찰을 제공한다.

## 4. 과정 신학

과정 신학은 알프레드 노스 화이트헤드(Alfred North White-
head, 1861~1947)의 과정 철학에서 발전된 신학으로, 하나님과 세계

의 관계를 새로운 시각에서 이해하려는 시도이다. 이 신학은 전통적인 신관과는 다른 관점을 제시하는데 하나님이 변할 수 있는 존재로 여겨진다. 전통적인 신학에서는 하나님을 절대적이고 불변한 존재로 여기지만, 과정 신학에서는 하나님을 세계와의 상호작용 속에서 변화하는 존재로 이해한다. 즉 모든 존재는 변하며, 하나님도 그 변화의 일부분으로 이해된다. 이는 전통적인 신관인 절대성과 불변성을 거부하는 것이다. 또한 하나님은 세계와 상호작용하며, 인간의 선택과 행동에 영향을 받는 존재로 묘사된다.

과정 신학은 하나님이 절대적이고 완전하다는 전통적인 견해를 재해석하며, 이 때문에 많은 논란이 발생하고 있다. 일부는 성경이 과정 신학의 주장을 반박한다고 주장한다. 따라서 과정 신학은 기독교의 유신론에 새로운 영향을 미치며, 전통적인 신관의 약점을 극복하고 새로운 신관을 제공하고 있다. 이 신학은 변화와 상호작용을 강조하여 신앙의 이해를 넓히고, 하나님과의 관계를 더욱 깊이 있게 탐구할 수 있는 기회를 제공한다.

과정 신학에서는 하나님이 세계의 창조주이시지만 세계의 협력자이기도 하다. 이는 하나님이 세계의 변화를 주도하기보다는 세계와 함께 변화하며 상호작용한다는 의미이다. 전통적인 신학에서의 '무로부터의 창조' 개념 대신, 창조를 혼돈 혹은 기존의 재료를 통한 창조로 해석한다. 하나님을 더 동적이고 관계적인 존재로 이해하게 하기에, 기독교 신학의 새로운 관점을 제공하며 신앙의 실천적 측면을 강조한다. 또한 과정 신학은 현대 과학, 특히 진화론과 양자역학과의 대화를 촉진하는데, 이는 신학이 과학적 발견과 조화를 이루도록 돕는 역할을 한다.

과정 신학에서는 하나님이 단순한 창조자가 아니라, 세계의 변화와 발전에 함께 참여하는 존재이시기에, 하나님은 고통을 함께 느끼며, 미래를 새롭게 열어가는 창조적인 역할을 수행하신다. 전통적인 창조 신학에서는 하나님이 세상을 창조한 후, 그 세계를 통치하는 방식으로 이해되지만, 과정 신학에서는 창조를 지속적인 과정으로 보며, 하나님이 세계와 함께 발전해 나가는 것으로 해석한다.

과정 신학(Process Theology)과 신정론(神正論, Theodicy)은 서로 밀접한 관계가 있다. 과정 신학은 하나님과 세계의 관계를 동적인 상호작용으로 이해하기에 하나님이 모든 것을 통제하는 전능한 존재라기보다는 세계의 변화와 발전에 참여하는 존재이시다. 이러한 관점은 신정론의 문제를 다루는 데 중요한 역할을 한다. 신정론은 악과 고통의 존재를 설명하려는 시도로, 하나님이 전능하고 선하다고 가정할 때 왜 세상에 악이 존재하는지를 탐구한다. 전통적인 신정론은 하나님이 모든 것을 통제하고, 악이 존재하는 이유를 인간의 자유 의지나 원죄 혹은 자연의 법칙과 같은 개념으로 설명하려고 한다. 반면, 과정 신학에서는 하나님이 전능하시지만 세계의 고통과 악에 대해 깊은 감정을 가지고 계시며, 인간의 고통에 대해 무관심하지 않고 이를 해결하기 위해 인간과 함께 일하신다. 따라서 과정 신학은 신정론의 문제를 새로운 시각에서 접근할 수 있는 기회를 제공한다. 즉 과정 신학은 세계가 지속적으로 변화하고 성장하는 과정에 있다고 강조하며 이 과정에서 악과 고통은 불가피하게 발생할 수 있지만, 하나님은 이러한 상황 속에서도 긍정적인 변화를 이끌어 내기 위해 노력하신다.

## 5. 과학과 종교에 대한 네 가지 유형

이안 바버(Ian G. Barbour, 1923~2013)는 과학과 종교의 관계를 설명하기 위해 네 가지 유형을 제시했는데, 이 네 가지 유형은 갈등, 독립, 대화, 통합으로 구성되어 있다. 각 유형은 과학과 종교 간의 상호작용을 다르게 이해하는 방식으로 나타나는데 다음과 같다.

- **갈등 이론**(Conflict): 과학과 종교는 본질적으로 서로 충돌하며, 하나의 진리만이 존재한다고 주장한다. 이 관점은 과학적 발견이 종교적 신념과 충돌할 때 갈등이 발생한다. 진화론과 창조론 간의 논쟁이 대표적이다.

- **독립 이론**(Independence): 과학과 종교는 서로 독립적인 영역으로, 각자의 질문과 방법론을 가지고 있다. 이 관점에서는 두 분야가 서로 영향을 미치지 않으며, 각자의 진리를 추구

한다. 즉 과학은 자연 현상을 설명하고, 종교는 도덕적 및 영적 질문에 답하는 역할을 한다고 생각한다.

- **대화 이론**(Dialogue): 과학과 종교는 서로 대화할 수 있으며, 서로의 통찰을 통해 더 깊은 이해를 추구할 수 있다. 이 관점은 두 분야가 상호작용하며, 서로의 지식을 보완할 수 있다고 본다. 즉 과학적 발견이 종교적 신념을 강화하거나 수정하는 경우가 있다고 기대한다.
- **통합 이론**(Integration): 과학과 종교는 통합되어 하나의 포괄적인 진리를 형성할 수 있다고 주장한다. 이 관점은 두 분야가 서로를 보완하며, 통합된 이해를 통해 더 큰 진리를 발견할 수 있다고 본다. 즉 과학적 원리가 종교적 신념과 조화를 이루는 경우를 의미한다.

## 6. 젊은 지구 창조론

젊은 지구 창조론(Young Earth Creationism, YEC)은 성경의 기록을 바탕으로 지구의 나이를 약 6,000년에서 12,000년으로 주장하는 이론이다. 이 이론은 성경의 창세기 1장의 기록을 문자적으로 해석하여, 하나님께서 6일 동안 세상을 창조하셨다고 믿는다. 그러기에 현대 우주론인 표준 빅뱅 이론과 충돌한다. 이 이론은 창조과학 운동의 일환으로, 과학적 방법론을 통해 성경의 창조 이야기를 지지하는 노력을 하고 있지만 과학자 사회는 인정하지 않고, 여전히 많은 비판의 대상이 되고 있다.

젊은 지구 창조론은 앞서 언급했듯이 지구의 나이는 성경의 연대기적 기록에 기반하여 약 6,000년 정도로 추정하고, 지층과 화석이 시대순으로 쌓여 있다는 사실을 부정하는 홍수 지질학을 주장한다. 이에 대하여 과학은 다음과 같이 반론한다.

- **방사성 동위원소 연대 측정**: 우라늄-납(U-Pb) 및 탄소-14(C-14) 같은 방사성 동위원소를 이용한 연대 측정 결과, 지구의 나이는 약 46억 년으로 추정된다. 이 방법은 다양한 지질학적 샘플에서 반복적으로 검증되어 왔기에 과학계에서 널리 인정받고 있다.
- **지층의 형성과 화석 기록**: 지층은 수백만 년에 걸쳐 형성되며, 각 지층에서 발견되는 화석들은 그 시대의 생물다양성을 반영한다. 화석의 연대는 지층의 위치와 화석의 종류에 따라 결정되며, 이는 진화론적 시간 척도와도 일치한다.
- **지질학적 변화**: 지구의 지질학적 변화는 수백만 년에 걸쳐 일어났다.
- **우주적 증거**: 우주 배경 복사와 같은 천문학적 증거는 우주의 나이를 약 138억 년으로 추정하게 하고, 별의 진화와 우주의 팽창에 대한 연구 결과도 젊은 지구 창조론의 주장을 일축한다.

젊은 지구 창조론을 주장하는 창조과학은 지구의 나이를

수천 년으로 주장하며, 이는 성경의 연대기와 일치한다고 믿는다. 또한 진화론과는 달리 모든 생물종이 하나님의 창조에 의해 독립적으로 발생했다고 주장한다.


## 7. 오랜 지구 창조론

오랜 지구 창조론(Old Earth Creationism, OEC)은 과학적으로 밝혀진 지구와 우주의 나이를 인정한다. 즉 창세기에 쓰인 우주와 생물의 창조가 글자 그대로 6일 만에 이루어져 있다고 하지 않고, 날-시대 이론(day-age theory)처럼 성경에서 쓰인 '날'이라는 용어가 지질학적 시대를 상징적으로 표현한다고 설명하거나, 간격 창조론으로 제시된 것과 같이 처음의 혼돈 상태와 6일간의 창조 사이에 긴 시간이 존재했던 것으로 설명하기도 한다. 이들 설명은 많은 과학 이론들을 수용하고 있지만, 젊은 지구 창조론(YEC)을 지지하는 사람들은 오랜 지구 창조론자가 창세기를 해석할 때 문자적 해석과 상징적 해석을 혼용한다고 비판한다. 이 창조론은 생물의 창조에서 소진화는 인정하나 진화생물학에서 말하는 종간 대진화에 대해서는 의문을 표한다. 즉 우주의 나이에 대한 과학자의 연구 결과는 인정하되, 생명 다양성에 대한 진화생물학의 연구 결과는 거부하는 입장이다.

# 8. 지적 설계 이론

　지적 설계 이론은 생명체의 복잡성과 정보가 자연선택과 같은 무작위적인 진화 메커니즘으로 설명될 수 없고, 누군가에 의해 설계되었다는 이론으로, 추론(abduction)에 의한 과학적 방법론에 따른 가장 부합된 과학 이론이라고 주장한다. 지적 설계라는 용어는 1987년 미국의 한 기독교 단체가 만든 교재에서 처음 사용되었다. 이 교재는 창조론을 가르치기 위해 만들어졌으나, 법원의 판결로 인해 '창조론' 대신 '지적 설계'라는 용어를 사용했다. 1990년대 초반부터 일부 과학자들은 지적 설계가 과학적인 이론으로 주장될 수 있다고 주장하기 시작했다. 특히, 1991년에 출판한 필립 존슨(Phillip E. Johnson, 1940~2019)의 저서 '심판대의 다윈'이 이 이론의 발전에 큰 영향을 미쳤다.

　마이클 비히(Michael J. Behe, 1952~)는 '환원 불가능한 복잡성'이라는 개념을 도입하여, 특정 생화학적 시스템은 다윈의 진화론으로 설명할 수 없다고 주장했다. 그는 이러한 시스템이 지적 설계의 결과라고 설명했다. 지적 설계 이론은 설계자가 누구인지에 대한 질문은 다루지 않으며, 단지 '설계'된 사실만을 증명하려고 한다.

　많은 과학자들은 지적 설계 이론이 과학적 방법론에 부합하지 않으며, 실험적 검증이 어렵다고 비판한다. 이들은 진화론이 생명체의 다양성과 복잡성을 설명하는 데 더 적합하다고 주장한다.

요약하면 지적 설계 이론은 생명체의 복잡성을 설명하기 위한 대안적 접근 방식으로, 과학계에서 논란이 되고 있다. 이 이론은 생명체가 누군가에 의해 설계되었다고 주장하지만, 그 설계자의 정체는 명확하지 않다. 과학적 근거와 실험적 검증의 부족으로 인해 많은 비판을 받고 있는 이론이다. 이러한 논의는 생명과학 및 철학적 질문에 대한 깊은 이해를 요구한다. 필자는 지적 설계 이론을 과학 이론으로 받아들이지 않는다. 지적 설계 이론가들이 지적 설계를 주장하며 제시하는 확률 논증도 복잡계를 통한 창발적 진화 이론을 통하면 잘 설명될 수 있다고 본다.

## 9. 유신 진화론

유신 진화론은 기독교 신앙과 빅뱅 우주론 및 진화론을 통합하는 이론으로, 창세기의 천지창조 이야기를 비유적으로 해석하며, 하나님이 시간에 따른 변화로서의 진화 과정을 통해 생명체를 창조했다고 주장한다. 이는 기독교 신앙과 과학적 진화론[28]을 조화시키려는 시도이다. 유신 진화론에서 창조를 강조하기 위해 '진화적 창조론'이라고 부르기도 한다.

---

28  빅뱅 우주론, 지구의 지질학적 진화 과정 그리고 생명체의 진화 과정을 모두 포함한다.

유신 진화론은 기독교 공동체 내 복음주의 학자들 사이에서도 논의되고 있으며, 전통적인 창조론과 진화론 간의 갈등을 해소하려는 노력으로 볼 수 있다. 그러나 일부 기독교인들은 유신 진화론이 전통적인 신앙과 조화될 수 없다고 주장하며, 이 이론에 대해 과학적, 철학적, 신학적 비판을 제기하고 있다. 즉 이 이론은 현대의 진화론을 받아들이면서, 교회가 전통적으로 주장해 오던 문자 그대로의 성경 해석에 입각한 생명의 창조에 대한 생각을 수정해야 한다고 주장하는데, 비판자들은 이러한 주장에 대한 과학적 근거가 현재까지는 부족하다고 지적한다. 하지만 이 이론이 제시하는 신앙과 과학의 조화가 철학적으로 타당한지에 대한 논의가 계속 활발히 진행되고 있다. 앞에서 제시한 모든 글의 내용은 유신진화론의 입장에서 집필되었으며, 필자는 이러한 입장의 신앙이 하나님과 함께하는 신앙이라고 주장한다.

## 10. 자연 신학과 자연의 신학

자연 신학과 자연의 신학은 비슷한 용어처럼 보이지만, 그 의미와 접근 방식에서 중요한 차이가 있다. 이 두 개념은 신과 자연의 관계를 탐구하는 데 중점을 두고 있지만, 각각의 초점과 방법론이 다르다.

'자연 신학'(Natural Theology)은 **자연 세계를 통해 신의 존재**

**와 속성을 이해**하려는 신학적 접근이다. 이는 주로 철학적 논증과 관찰을 통해 이루어진다. 신의 존재를 증명하기 위해 자연의 질서와 아름다움, 복잡성을 강조한다. 고전적인 예로는 토마스 아퀴나스의 다섯 가지 증명이 있다. 신의 속성을 인간의 이성과 경험을 통해 이해하려고 한다.

'자연의 신학'(Theology of Nature)은 **자연 그 자체를 신학적 주제로 삼아, 자연의 본질과 그 안에 내재된 신성에 대해 탐구**하는 접근이다. 자연을 신의 창조물로 보고, 그 안에서 신의 의도와 목적을 찾으려 한다. 자연의 법칙과 생태계의 복잡성을 통해 신의 존재를 이해하려고 하며, 이는 종종 생태학적 관점과 연결된다.


## 11. 아우구스티누스의 신의 존재 증명

아우구스티누스(Sanctus Aurelius Augustinus Hipponensis, 354~430)는 신의 존재에 대한 증명을 제시했는데 주로 이성, 믿음, 그리고 신의 계시에 기반하고 있다.

- **이성에 의한 증명**: 아우구스티누스는 신이란 "그보다 상위의 존재가 아무도 없는 존재"라고 정의했다. 그는 이성보다 우월한 진리의 존재를 통해 신의 존재를 인식할 수 있다고 주장했는데 이는 신이 존재하는 이유를 이성적으로 설명하려는 시도이다.

- **신의 계시**: 아우구스티누스는 신의 존재를 믿음과 신의 계시를 통해 증명할 수 있다고 보았다. 그는 신이 인간에게 직접적으로 계시를 통해 자신을 드러내며, 이를 통해 신의 존재를 확신할 수 있다고 주장하였다.
- **믿음의 역할**: 아우구스티누스는 믿음이 신의 존재를 이해하는 데 중요한 역할을 한다고 강조했다. 그는 믿음이 이성을 초월하는 진리를 받아들이는 데 필수적이라고 보았는데 이는 신의 존재를 단순히 이성적으로 증명하는 것 이상의 의미를 가진다.

아우구스티누스는 플라톤의 철학에서 많은 영향을 받았다. 플라톤은 이데아(Idea)의 세계를 통해 진리와 존재의 본질을 탐구했는데 그는 이러한 사상을 신의 존재 증명에 적용했다. 따라서 아우구스티누스는 신을 절대적이고 불변하는 존재로 묘사하면서 신이 모든 것의 근원이며, 인간의 이성과 믿음을 통해 인식될 수 있다고 주장했다.

## 12. 토마스 아퀴나스의 신의 존재 증명

토마스 아퀴나스(Thomas Aquinas, 1224/1225?~1274)는 그의 저서인 『신학대전』에서 신의 존재를 증명하기 위해 다섯 가지 방법을 다음과 같이 제시했다.

- **운동의 원인**: 모든 운동은 원인에 의해 발생하며, 이 원인을 거슬러 올라가면 최초의 원인, 즉 '제1의 원인'이 존재해야 한다고 주장한다. 이 원인은 하나님이다.
- **원인과 결과**: 모든 존재하는 것에는 원인이 있으며, 이 원인들이 무한히 거슬러 올라갈 수는 없다고 주장한다. 따라서 최초의 원인, 즉 하나님이 존재해야 한다고 결론짓는다.
- **필연성과 가능성**: 세상에는 존재하는 것과 존재하지 않는 것이 있으며, 존재하는 것 중에는 필연적으로 존재해야 하는 것이 있다. 이러한 필연적인 존재가 하나님이다.
- **완전함의 정도**: 세상에는 다양한 정도의 완전함이 존재하며, 이러한 완전함의 기준이 되는 절대적인 완전함이 필요하다. 이 절대적인 완전함이 하나님이다.
- **목적론적 증명**: 자연의 사물들은 무의식적으로 목적을 향해 나아가며, 이러한 목적을 설정하는 존재가 필요하다고 주장한다. 이 존재가 하나님이다.

## 13. 윌리엄 패일리의 자연 신학

전통적으로 자연 신학은 기독교의 전통 속에서 신의 섭리를 이해하려는 노력으로 발전해 왔는데, 윌리엄 패일리(William

Paley, 1743~1805)는 신의 존재와 섭리를 자연을 통해 이해하려는 기독교적 접근을 제시하였다. 윌리엄 패일리는 이 분야에서 중요한 인물로, 그의 저서인 『자연 신학』에서 신의 존재를 증명하기 위해 목적론적 논증을 사용한다.

패일리의 『자연 신학』에서는 신의 존재를 증명하기 위해 자연의 질서와 복잡성을 통해 목적론적 논증을 설명하며 '시계 공 유추'를 사용한다. 그는 시계의 복잡성과 정교함을 예로 들어, 자연 세계의 복잡성도 지적 설계자(신)의 존재를 암시한다고 주장한다. 시계를 처음 보는 사람도 그 시계가 우연히 만들어진 것이 아니라는 것을 이해할 수 있다는 점을 강조한다. 즉 자연의 질서와 목적성을 통해 신의 존재를 논증하는데 **설계 논증**이라 부른다.


## 14. 판넨베르그의 자연 신학


판넨베르그(Wolfhart Pannenberg, 1928~2014)는 독일의 신학자로, 그의 자연 신학은 신의 존재와 성격을 이해하기 위해 자연 세계와 인간 경험을 탐구하는 접근 방식을 강조하며 아래와 같은 주요 특징을 갖는다.

- **역사적 계시의 강조**: 그는 신의 존재를 단순히 자연 세계의 관찰을 통해서는 증명할 수 없다고 주장하며, 역사적 사건,

특히 예수 그리스도의 부활과 같은 역사적 계시를 통해 신을 이해해야 한다고 강조한다. 이는 자연 신학의 전통적인 접근 방식과는 다르다. 중세 신학자들은 자연 신학을 통해 신의 존재를 합리적으로 증명하려고 했는데, 특히 토마스 아퀴나스는 자연 세계의 질서와 원인을 통해 신의 존재를 논증했다.

- **인간 경험의 중요성**: 그는 인간의 경험과 역사적 사건이 신의 존재를 이해하는 데 중요한 역할을 한다고 믿었고, 신의 계시가 인간의 삶 속에서 드러난다고 보았다. 그러나 칼 바르트(Karl Barth, 1886~1968)는 신의 계시가 오직 성경을 통해서만 이루어진다고 주장하며, 인간 경험이나 자연 세계의 관찰을 신학적 논의의 주요 근거로 삼지 않았다.

- **신학과 과학의 통합**: 그는 신학과 과학 간의 상호작용을 중요시하며, 과학적 발견이 신학적 이해를 풍부하게 할 수 있다고 주장했다. 그는 자연 세계의 복잡성과 질서가 신의 존재를 암시한다고 보았다. 반면, 칼 바르트와 같은 신학자들은 신학과 과학을 분리하여 신학이 과학적 방법론에 의존하지 않도록 하였다. 그들은 신의 계시가 과학적 탐구와는 별개의 영역에 속한다고 보았다.

- **신의 초월성과 내재성**: 그는 신이 초월적이면서도 동시에 인간 역사와 세계에 내재해 있다고 주장했다. 이는 신이 인간의 삶과 역사 속에서 활동하고 있다는 것을 의미한다. 다른

신학자들은 신의 초월성을 강조하거나, 신의 내재성을 강조하는 경향이 있다. 예를 들어, 프로테스탄트 신학자들은 종종 신의 초월성을 강조하며, 신이 인간의 이해를 초월하는 존재라고 주장한다.

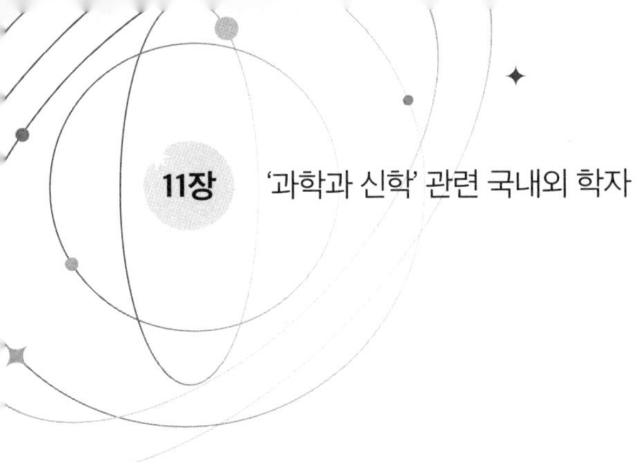

# 11장 '과학과 신학' 관련 국내외 학자

## 1. 들어가기

이 글에서는 '과학과 신학'을 공부하고 연구하는 국내외 신학자와 국내 과학자 및 과학 교육자를 소개한다. 국내 신학자들은 주로 국내 신학대학교의 교수로 재직하고 있으며, 국내 과학자는 대학교에 재직하거나 은퇴한 명예교수들이다. 이 글에 열거한 분들은 필자가 아는 분들이기에 제한적이다. 또한 대부분 유신 진화론 혹은 진화창조론을 지지하시는 분들이다. '창조과학', 오랜 지구 창조론, 그리고 지적 설계 이론을 지지하는 모임에 속한 학자들은 제외하였다.

## 2. 국외 신학자

### 아서 피콕

아서 피콕(Arthur Robert Peacocke, 1924~2006)은 생화학자이자 생물 거대분자학 연구원으로, DNA 구조에 대한 과학적 이해에 기여했다. 나중에 신학을 공부해서 성공회 사제가 되었다. 그는 과학적 세계관 안에서 신이 어떻게 역사하고 창조하는지에 대한 깊이 있는 연구를 했고, 이러한 공로를 인정받아 2001년에는 템플턴상을 수상하기도 했다. 또한 '과학과 종교 포럼'(Science and Religion Forum)의 초대 회장을 지내기도 했다.

그는 과학과 신학의 관계를 통합하고 대화시키기 위해 평생을 바쳤다. 그는 과학과 신학이 서로 충돌하는 관계가 아니라, 세상과 신을 이해하는 데 있어 상호 보완적일 수 있다고 보았다. 특히 그는 유신론적 진화론을 지지하며 창조와 진화를 분리해서 보는 관점에 반대했다. 과학적 발견, 특히 우주론과 진화론을 신학적으로 해석하려 했다. 그의 과학과 신학에 관한 주요 저서들은 다음과 같다.

- 'Creation and the World of Science'(창조와 과학의 세계): 이 책은 과학적 발견, 특히 우주론과 진화론 등을 통해 신의 창조 활동을 어떻게 이해할 수 있는지 깊이 다루고 있다.
- 'Science and the Christian Experiment'(과학과 기독교적 실험): 이 책

은 과학적 방법론과 기독교 신앙이 어떻게 서로에게 통찰을 줄 수 있는지 다루고 있다.

- 'Intimations of Reality'(실재의 암시): 이 책은 과학적 지식이 어떻게 궁극적인 실재, 즉 신에 대한 이해로 이어질 수 있는지 철학적이고 신학적으로 탐색하는 내용을 담고 있다.

- 'Theology for a Scientific Age'(과학 시대를 위한 신학): 이 책은 과학적인 관점에서 신학을 어떻게 이해하고 재해석할 수 있는지에 대한 그의 생각을 담고 있다.

## 이안 바버

이안 바버(Ian G. Barbour, 1923~2013)는 현대 신학자이자 과학과 신학의 관계에 대한 연구로 잘 알려져 있다. 그의 신학적 접근은 주로 다음과 같은 주요 주제들로 구성된다.

- **과학과 신학의 대화**: 그는 과학과 신학 간의 대화를 촉진하는 데 중점을 두었다. 그는 과학적 발견이 신학적 이해를 풍부하게 할 수 있다고 믿으며, 두 분야가 서로 보완적일 수 있다고 주장한다. 그의 연구는 과학적 방법론과 신학적 사고가 어떻게 상호작용할 수 있는지를 탐구한다.

- **신의 존재와 자연 세계**: 그는 자연 세계의 복잡성과 질서가 신의 존재를 암시한다고 주장한다. 그는 자연 신학의 전통을 현대적으로 재해석하며, 과학적 발견이 신의 존재에 대한

논증에 기여할 수 있다고 본다.

- **신학적 방법론**: 그는 신학적 방법론에 있어 경험적 접근을 강조한다. 그는 신학이 단순히 이론적 논의에 그치지 않고, 실제 경험과 역사적 사건에 기반해야 한다고 주장한다. 이는 신학이 인간의 삶과 밀접하게 연결되어 있어야 한다는 그의 신념을 반영한다.

- **종교적 경험**: 그는 종교적 경험이 신학적 논의에서 중요한 역할을 한다고 믿는다. 그는 개인의 신앙 경험이 신학적 이해에 기여할 수 있는 방법을 탐구하며, 이러한 경험이 신의 존재와 성격에 대한 이해를 어떻게 형성하는지를 분석한다.

- **비판적 사고**: 그는 신학적 논의에서 비판적 사고의 중요성을 강조한다. 그는 신학자들이 과학적 발견과 철학적 논의에 대해 열린 마음을 가지고 접근해야 한다고 주장하며, 이는 신학이 시대의 변화에 적응하고 발전하는 데 필수적이라고 본다.

## 존 폴킹혼

존 폴킹혼(The Reverend Canon John Polkinghorne, 1930~2021)은 영국의 이론물리학자이자 신학자, 성공회 사제이다. 아서 피콕, 이언 바버 등과 더불어 과학과 종교의 관계 분야의 대표적인 사상가로 꼽힌다. 그의 저서 『과학시대의 신론』을 통해 그의 신학을 살펴볼 수 있다. 이 책은 과학과 신앙의 관계를 탐구하며, 현대 과학의 발전이 신에 대한 이해에 어떤 영향을 미치는지를 다루며, 과학적 사고와 신앙적 믿음이 어떻게 조화를 이룰 수 있는지를 제시하고 주요 내용은 다음과 같다.

- **과학과 신앙의 조화**: 과학적 설명이 신앙을 대체할 수 없으며, 두 영역이 서로 보완적일 수 있다고 주장한다.
- **복잡계 이론**: 복잡계의 작동 방식이 단순한 환원주의적 설명으로는 충분하지 않다고 강조하며, 새로운 실재 인식을 제안한다.
- **신의 존재에 대한 과학적 접근**: 과학적 발견이 신의 존재를 부정하는 것이 아니라, 오히려 신에 대한 새로운 이해를 가능하게 한다고 설명한다.

## 테드 피터스

테드 피터스(Theodore Frank Peters, 1941~)는 미국 루터교 신학자이자 퍼시픽 루터교 신학교(Pacific Lutheran Theological Seminary)와 대학원 신학 연합(Graduate Theological Union)의 조직신학 및 윤리학 명예교수이다. 그의 저서인 『과학과 종교: 새로운 공명』은 과학과 종교 간의 관계를 탐구하며, 두 분야가 어떻게 서로를 보완할 수 있는지를 논의한다. 이 책은 과학의 발전이 종교적 사고에 미치는 영향을 다루고 있으며, 과학과 종교의 대립이 아닌 조화를 추구하는 내용을 담고 있다. 주요 내용은 다음과 같다.

- **과학과 종교의 대립**: 과학과 종교는 전통적으로 창조론과 진화론, 대폭발 이론 등에서 서로 다른 입장을 취해왔다. 이러한 대립은 인간 존재와 자연에 대한 이해를 복잡하게 만들었다.

- **두 언어 이론**: 저자는 과학을 사실의 언어, 종교를 가치의 언어로 구분하며, 이 두 언어가 서로 다른 영역에 존재한다고 주장한다. 그러나 이 두 언어 사이에는 중첩되는 부분이 있으며, 이를 통해 공명(共鳴)을 찾으려는 노력이 필요하다고 강조한다.

- **과학의 철학적 질문**: 양자역학, 상대성이론, 진화생물학 등 20세기 과학의 핵심 이슈들이 제기하는 철학적, 종교적, 윤리적 질문들을 다루고 있다. 이러한 질문들은 과학이 단순한 지식의 축적을 넘어 존재의 근거를 성찰하는 데 기여할 수 있음을 보여준다.

- **저자들의 접근 방식**: 다양한 과학자와 신학자들이 참여하여 각자의 관점에서 과학과 종교의 관계를 설명하고, 독자들이 이해하기 쉽게 풀어내려는 노력을 기울였다.

## 알리스터 맥그래스

알리스터 맥그래스(Alister Edgar McGrath, 1953~)는 북아일랜드
의 성공회 사제이자 과학과 신학의 관계를 탐구하는 저명한 기
독교 신학자이자 작가이다. 그의 연구는 과학적 사고와 기독교
신앙의 통합을 목표로 하며, 이 두 분야가 어떻게 서로 보완할
수 있는지를 설명하며, 과학적 발견이 신학적 이해를 깊게 할 수
있다고 믿는다. 그의 연구는 과학적 방법론을 신학적 질문에 적
용하는 방법을 모색하며, 이를 통해 신앙의 깊이를 더할 수 있는
가능성을 제시한다.

그의 저서 『과학 신학』은 과학과 신학의 관계를 탐구하는
중요한 작업이다. 이 책은 신학적 방법론을 다루며, 과학적 접근
을 통해 신학을 이해하고자 하는 시도를 담고 있으며 주요 내용
은 다음과 같다.

- 신학적 방법론으로 그는 신학의 역사적 발전과 자료, 방법
  론을 바탕으로 신학의 각 분야가 어떻게 형성되었는지를
  설명한다.
- 과학과 신학의 대화로서 그는 과학과 신학이 서로 대화할
  수 있는 가능성을 탐구하며, 두 분야의 통합적 접근을 제안
  한다.
- 개인적 배경으로 그는 청소년기에는 무신론자였으나, 과학
  에 대한 관심을 통해 기독교에 대한 흥미를 가지게 되었고,

결국 신학과 자연과학을 함께 연구하게 되었다고 신앙의
생명력을 강조한다.

## 로버트 러셀

로버트 J. 러셀(Robert J. Russell, 1946~)은 과학과 신학 분야에
서 정말 중요한 인물로 미국 버클리에 있는 신학과 자연과학 연
구소(CTNS, Center for Theology and the Natural Sciences)를 설립하였다.

그의 과학 신학은 과학과 신학이 서로 떨어져 있거나 대립
하는 관계가 아니라, 서로 대화하고 영향을 주고받으면서 우리
가 사는 세상을 더 깊이 이해할 수 있다는 생각에 바탕을 두고
있다. 이를 '통전적인 실재 이해'를 추구한다고 말하기도 한다.

그의 과학 신학에서 핵심적인 부분은 바로 '창조적 상호작
용 방법론'(Creative Mutual Interaction, CMI)으로 과학 연구의 결과나
방법이 신학적인 생각에 영향을 줄 수 있고, 반대로 신학적인 질
문이나 관점이 과학 연구의 방향에 영감을 줄 수도 있다는 것으
로 둘이 서로에게 창의적으로 영향을 주면서 함께 발전해 나갈
수 있다고 주장한다.

그는 이런 생각을 발전시키기 위해 '비판적 실재론'(critical
realism), '창발적 일원론'(emergent monism) 같은 철학적인 개념들과
라카토스의 연구 프로그램 방법론 같은 과학 철학적인 아이디어
들을 많이 참고하였고, 빅뱅 이론이나 진화론 같은 현대 과학의

중요한 발견을 신학적으로 어떻게 이해할 수 있는지에 대한 연구도 많이 했다. 예를 들어, 빅뱅 이론이 우주의 시작점을 이야기하는 것이 기독교의 창조 개념과 일치하는 측면이 있다고 보거나 진화론 역시 신의 뜻이 생물의 발전에 깃들어 있다는 믿음을 통해 과학과 종교가 조화될 수 있다고 하였다.

그는 과학과 신학의 관계를 연구하는 데 있어서 과학과 신학에 대한 가장 중요한 입장은 바로 둘이 싸우는 관계가 아니라, 서로 도우면서 세상을 더 잘 이해할 수 있는 사이이며 마치 서로 다른 언어로 이야기하지만, 잘 통역하면 같은 그림을 그릴 수 있다고 주장한다. 그가 생각하는 핵심적인 내용들을 좀 더 자세히 살펴보면 다음과 같다.

- **대화와 상호작용의 중요성**: 그는 과학과 신학이 서로에게 열려 있어야 한다고 강조한다. 과학에서 발견한 것들이 신학적인 생각을 더 깊게 만들 수 있고, 신학적인 질문들이 과학 연구에 새로운 영감을 줄 수도 있다. 이를 통해 우리가 세상을 더 풍성하고 통전적으로 이해할 수 있다.

- **'신의 행위' 연구**: 그의 주요 연구 분야 중 하나는 과학적인 자연 법칙 안에서 하나님이 어떻게 역사하시고 영향을 미치시는가 하는 '신의 행위'(Divine Action)에 대한 문제이다. 예를 들어, 물리 법칙이나 생물학적 진화 과정 속에서 하나님의 섭리를 어떻게 이해할 수 있을지를 과학과 신학 모두의 언어로 탐구한다. 특히 복잡한 과학적 사실들 속에서 신의

존재와 행위를 어떻게 이해할 수 있을지에 대한 깊이 있는
신학적인 질문들을 던지고 답을 모색하는 데 집중하고 있
다.

- **오류와 미신 정화**: 그는 과학이 종교에 있는 잘못된 생각이나
  미신적인 부분들을 깨끗하게 해 줄 수 있다고 본다. 반대로
  종교는 과학이 마치 전부인 것처럼 우상화되거나 잘못된
  절대성으로 흐르는 것을 막아줄 수 있다고도 생각한다. 둘
  이 서로를 견제하면서 더 건강하게 발전할 수 있다는 것이
  다.

- **대화의 장 마련**: 그는 CTNS(Center for Theology and the Natural
  Sciences)를 설립하여 과학자, 신학자, 철학자 등 다양한 분야
  의 사람들이 모여 과학과 신학에 대한 진지한 토론을 할 수
  있는 자리를 만들고, 관련된 책들을 출판해서 이 분야의 논
  의를 이끌어 나가고 있다.

## 3. 국내 신학자

### 김정형

김정형은 조직신학을 전공한 신학자이며, 연세대학교 연합
신학대학원 교수이다. 서울대학교에서 철학을 공부하였기에 과

학과 철학, 신학을 넘나들며 깊이 있는 연구를 하고 있다. 그의 신학에서 특히 중요하게 다뤄지는 부분은 과학 시대를 살아가는 기독교인들이 어떻게 신앙을 지켜나갈 것인가, 그리고 과학과 신학이 어떻게 공존할 수 있는가이다.

- **과학과 신학의 영역 구분과 대화**: 그는 과학과 신학이 근본적으로 다루는 영역과 방식이 다르다고 본다. 그렇기 때문에 현대 과학의 발견들을 인정하더라도 전통적인 기독교 신앙을 포기할 필요는 없다고 한다. 둘은 서로 다른 범주에 속하기 때문에 직접적으로 충돌하기보다는 서로를 이해하고 대화할 수 있다고 본다.

- **과학 시대의 창조 신앙 이해**: 그는 『창조론: 과학 시대 창조 신앙』이라는 책을 과학 시대를 살면서 신앙과 과학의 갈등으로 고민하는 사람들을 위해 집필하였다. 과학적 세계관 속에서 창조 신앙을 어떻게 이해하고 받아들일 수 있는지에 대한 신학적인 통찰을 제공하고 있다.

- **자연에 대한 이해의 유연성**: 그는 우리가 자연에 대해 가지고 있는 이해가 시대와 과학 발전에 따라 변할 수 있다고 보면서, 현재의 과학적 이해가 자연의 완전한 모습은 아니며, 과학적 사실 외에 가치와 의미에 대한 탐구도 중요하다고 강조한다.

- **과학적 무신론에 대한 기독교 신앙의 응답**: 소위 '과학적 무신론'이 기독교 창조 신앙에 제기하는 도전들에 대해 신학

적으로 어떻게 응답할 수 있을지에 대한 연구를 진행하고
있다.

요약해 보면, 김정형 박사는 과학의 발전을 인정하면서도
기독교 신앙의 고유한 영역과 가치를 지키고, 둘 사이의 건강한
관계를 모색하는 데 집중하는 신학자라고 할 수 있다. 특히 과학
시대를 사는 성도들의 신앙적 고민에 대해 신학적인 답변을 제
시하려는 노력을 많이 하고 있다.

## 임창세

임창세는 용산제일교회(기장)의 담임목사이며, 독일에서 선
교사로도 활동하면서 저명한 과학 신학자에게 수학하였기에 그
의 신학은 과학과의 관계에 깊이 초점을 맞추고 있다. 즉 그의
신학은 주로 과학 시대에 기독교 신앙이 어떻게 의미를 가지며,
과학적 발견들과 어떻게 소통할 수 있는지를 탐구하는 데 맞춰
져 있다고 볼 수 있다. 그 특징을 살펴보면 다음과 같다.

- **과학 신학의 추구**: 그는 '과학 신학'이라는 주제로 강연을 하
  는 등, 과학과 신학을 통합적으로 이해하려는 노력을 하고
  있다. 이는 과학적인 세계관 속에서 신앙적인 질문에 답하
  고, 신앙이 과학적 지식과 조화를 이룰 수 있는 방안을 모색
  하는 작업이라고 할 수 있다.

- **창조 신앙과 과학의 관계**: '과학 신학과 창조'라는 주제의 강연에서 성경의 창조 이야기를 현대 과학의 관점에서 어떻게 이해하고 해석할 것인지에 대한 깊은 고민이 담겨 있음을 알 수 있다. 과학적 발견들을 창조주 하나님의 역사하심과 연결시키려는 시도를 하고 있다.

- **과학–종교 관계 모델 탐구**: 그는 스티븐 제이 굴드의 NOMA(Non-Overlapping Magisteria)와 같은 과학과 종교의 관계에 대한 다양한 모델들을 소개하고 논의하면서 과학과 신학이 서로의 영역을 존중하면서 어떻게 건강하게 공존할 수 있는지에 대해 연구한다.

- **신학적 기반 위에서의 과학 이해**: 그의 신학은 단단한 신학적 토대 위에서 과학적인 내용들을 포용하고 해석하려는 시도를 하고 있다.

요약하자면, 임창세 목사의 신학은 현대 과학의 성과들을 외면하지 않고, 오히려 그것들을 신학적인 관점에서 적극적으로 이해하고 통합하려는 과학 신학적인 성격이 강하다고 볼 수 있다. 과학과 신학의 건강한 대화를 통해 기독교 신앙이 과학 시대에도 여전히 유효하고 깊은 의미를 가질 수 있음을 보여주려고 한다.

## 장재호

장재호는 감리교신학대학교에서 종교철학을 가르치는 교수이다. 특히 '과학과신학연구소' 소장을 맡고 있으며, 과학과 신학 분야에서 아주 활발하게 활동하고 있다. 그의 과학과 신학에 대한 관점은 다음과 같다.

- **과학과 신학의 핵심 연구 분야**: 그의 주요 연구 분야 중 하나가 바로 '과학 신학'이다. 영국 에든버러 대학교에서 종교철학을 전공하였고 과학 신학과 관련된 연구를 깊이 한 것으로 보인다.

- **과학과 신학의 대화와 소통**: 그는 과학과신학연구소 채널을 통해 과학과 신학 관련 내용들을 꾸준히 올리고 있다. 이를 통해 과학기술 시대를 살아가는 사람들이 과학적 지식과 신학적 이해를 바탕으로 어떻게 세상을 바라볼 수 있는지, 둘 사이의 건강한 대화가 왜 중요한지 알리고 있다.

- **성경의 과학적 증명에 대한 신중론**: 흥미롭게도 그는 "성경을 현대 과학으로 증명할 수도 없지만, 혹시라도 증명이 된다면, 더 큰 신학적 문제가 발생한다"고 말한 적이 있다. 이는 성경의 진리를 과학적인 사실로 환원시키거나 증명하려는 시도에 대해 신중한 입장을 취한다. 성경의 진술이 과학적 증명 여부와는 다른 차원의 의미를 갖는다고 본다.

- **현대 주제에 대한 적극적인 참여**: 그는 현대의 다양한 주제들

에 대해 신학적으로 적극적으로 참여해야 한다고 강조한다. 이는 과학과 신학의 관계 역시 현대 사회의 중요한 주제로서 신학이 외면할 수 없으며, 깊이 성찰하고 대화해야 할 부분이라고 생각한다.

요약해 보면, 장재호 교수는 종교철학을 토대로 과학과 신학의 관계를 깊이 연구하는 학자로서, 과학적 사실과 신학적 진리의 영역을 구분하면서도 둘 사이의 건강한 대화와 소통을 통해 현대 사회에서 기독교 신앙이 나아가야 할 방향을 모색하고 있는 학자라고 할 수 있다. 특히 성경의 내용을 과학적으로 증명하려는 시도에 대해 신학적인 관점에서 비판적으로 성찰한다.

## 현우식

현우식은 호서대학교 인문대학 기독교학과 교수이다. 연세대학교에서 신학, 수학, 인지과학을 공부하였고, 멤피스 대학교 수리과학부 지능시스템연구소에서 객원연구원을 역임하였다. 그래서 과학, 특히 수학 및 인지과학 분야에도 깊은 전문성을 가지고 있다. 그의 과학과 신학에 대한 관점은 다음과 같다.

- **과학과 신학의 관계 이해**: 그는 신학이 기독교의 학문적 언어라면, 수학은 과학의 학문적 언어라고 한다. 즉, 과학과 신학을 서로 다른 영역을 탐구하는 두 가지 다른 종류의 학문

적 언어로 이해하려는 관점을 가지고 있다.

- **'과학 신학' 분야에서의 활동**: 과학 신학자로서 과학적 방법론과 발견들을 신학적으로 성찰하고 해석하는 데 관심을 가지고 있다. 특히 그의 다양한 학문적 배경(신학, 수학, 인지과학)을 활용하여 과학과 신학을 통합적으로 이해하려는 시도를 하고 있다.
- **수학과 신학의 연결**: '수학 속의 신학'과 같은 주제로 발표하신 것을 보면, 과학의 가장 기초적인 언어인 수학의 구조나 원리 속에서 신학적인 통찰이나 의미를 발견하려는 독창적인 접근을 하는 것으로 보인다.

요약하자면, 현우식 교수는 신학과 수학, 인지과학이라는 다소 이질적인 분야를 넘나들며 과학과 신학을 서로 다른 '언어'로 이해하고, 특히 수학이라는 과학의 기본 언어와 신학을 연결하여 과학 시대를 사는 신앙인들에게 새로운 시각과 통찰을 제공하려는 과학 신학자라고 할 수 있다.

## 전철

전철은 한신대학교 신학과와 대학원에서 신학을 공부하고, 독일의 하이델베르크 대학교에서 조직신학을 공부한 신학자이다. 지금은 한신대학교 신학대학원 원장이며, 한신대학교 종교와 과학센터(CRS) 센터장을 맡고 있다. 그의 과학과 신학에 대한 관심과 연구 분야를 살펴 보면 다음과 같다.

- **인공지능과 인간 지능**: 현대 사회의 가장 중요한 이슈 중 하나인 인공지능이 인간 지능과 어떻게 다른지, 그리고 이것이 신학적으로 어떤 의미를 갖는지 탐구한다.
- **휴머니즘의 빛과 그림자**: 과학기술의 발전이 인간에게 어떤 영향을 미치는지, 긍정적인 면과 부정적인 면을 신학적으로 성찰하는 것으로 보인다.
- **과학기술학**: 과학기술 자체를 사회적, 철학적, 신학적인 관점에서 깊이 있게 바라본다.
- **종교와 과학센터 운영**: 종교와 과학센터의 센터장을 맡고 있으며, 과학과 신학의 대화와 연구를 중요하게 생각한다.

요약해 보면, 전철 교수는 단순히 과학적 사실을 신학에 끼워 맞추는 것이 아니라, 현대 과학기술의 발전이 던지는 근본적인 질문들에 대해 신학적으로 어떻게 응답할 수 있는지, 그리고 신학이 과학기술 시대에 어떤 역할을 할 수 있는지 깊이 고민하고 연구한다. 인공지능이나 인간의 본질 같은 최첨단 과학 이슈와 신학을 연결하려는 시도도 활발히 하고 있다.

## 4. 국내 과학자 및 과학 교육자

## 최승언

최승언(崔勝彦, 1954~)은 서울대학교 지구과학교육과에서 천문학과 과학교육을 가르친 교수로, 현재는 명예교수이다. 그는 1980년에 기독교 신자가 된 후에 장로회신학대학교 신학대학원에서 신학을 공부하였고, 은퇴 후 2020년에 목사안수를 받았다. 그의 '신학'은 전문적인 신학 이론을 깊이 파고드는 것보다는, 과학자로서 경험한 자연 세계에 대한 이해와 기독교 신앙을 조화시키고 통합하는 방법론에 초점이 맞춰져 있으며, 그의 활동과 글을 보면 다음 특징들이 나타나고 있다.

- '과학과 신학의 대화'(과신대)에서 자문위원으로, '과학과 신학 연구회'(과신련) 모임의 회장으로 활동하면서, 과학과 신학이 서로 소통하고 이해하는 데 중요한 역할을 하고 있다. 과학적 지식과 신학적 통찰을 연결하려는 노력을 꾸준히 하고 있다.

- **창조와 우주의 기원에 대한 관점**: 천문학자로서 우주의 기원과 구조에 대한 깊은 이해를 바탕으로, 성경에서 말하는 창조를 어떻게 이해할 수 있을지에 대해 연구하고, 고민하고 글을 쓰고 있다. 과학적 발견을 신앙적인 관점에서 해석하려고 시도하고 있다.

- **과학으로 설명되지 않는 영역 인정**: 예수님의 기적 같은 것에 대해 과학적으로 증명하기 어렵다고 해서 "아니다"라고 말할 수는 없다고 언급한 바 있다. 이는 과학의 한계를 인정하고 신앙의 영역을 존중하는 태도를 보여주고 있다.
- **자연과학, 과학교육, 신학의 융합**: 그는 스스로 자연과학(천문학), 사회과학(과학교육), 인문학(신학)을 넘나들며 연구하고 교육한다. 이는 다양한 학문 분야를 통해 신과 세상을 총체적으로 이해하려는 시도를 하고 있다고 볼 수 있다.

요약하자면, 최승언 교수의 신학은 과학자로서의 전문적 식견과 신앙적 성찰을 유기적으로 결합하여, 과학과 신앙이 상호 보완적인 관계 속에서 어떻게 진리를 함께 탐구할 수 있는지 보여주는 통합적 지평을 제시한다. 그는 과학과 신학이라는 두 영역 사이의 생산적인 대화와 깊이 있는 상호 이해를 지속적으로 추구하고 있다.

### 우종학

우종학은 서울대학교 물리천문학부 교수로서 과학자이면서 동시에 기독교 신앙을 가지고 과학과 신학의 관계에 대해 활발하게 활동하고 있다. 그는 '과학과 신학의 대화'(과신대)라는 단체의 실질적 대표로 활동하면서 과학과 신앙이 서로를 이해하고 건강하게 소통하는 것의 중요성을 강조하고 있다. 그의 주요 생각들은 다음과 같다.

- **과학과 신학의 대화와 통합 강조**: 그는 과학과 신학이 서로 적대적인 관계가 아니라, 오히려 서로에게 통찰을 주고 함께 진리를 탐구할 수 있다고 본다. 과학적 발견이 신앙을 위협하는 것이 아니라, 오히려 신이 창조한 세계를 더 깊이 이해하는 데 도움을 줄 수 있다고 생각한다.

- **창조와 진화에 대한 관점**: 그는 스스로를 '확고한 창조론자'라고 밝히고 있다. 하지만 성경을 문자적으로만 해석하는 창조과학이나 근본주의적인 입장에 대해서는 비판적인 시각을 가지고 있다. 하나님께서 진화를 창조의 도구로 사용하셨을 가능성도 열어두고 있으며, 과학적인 진화론을 인정하면서도 창조주 하나님에 대한 신앙을 고수하는 입장을 취한다.

- **신의 행위**(Divine Action): 과학적인 자연법칙 안에서 신이 어떻게 역사하고 영향을 미칠 수 있는지에 대한 '신의 행위' 문제에 대해서도 깊이 연구하고 논의하고 있다. 이는 과학적인 세계관 속에서 신앙이 설 자리를 찾는 중요한 신학적 주제이기도 하다.

- **합리적인 신앙과 비판적 사고**: 교회와 신앙인들이 비합리적인 생각이나 음모론에 빠지는 것에 대해 비판하면서, 과학적인 사고방식처럼 스스로를 교정하고 검증하는 비판적인 태

도가 신앙에도 중요하다고 강조한다.

요약하자면, 우종학 교수는 과학의 시대에 기독교 신앙이 과학적 지식과 충돌하지 않으면서도 그 깊은 의미를 지켜나가려면 어떻게 해야 하는지에 대해 치열하게 고민하고, 구체적인 대안들을 제시하는 역할을 하고 있다. 그는 과학과 신앙 사이의 건강한 관계를 모색하는 데 앞장서고 있다.

## 이문원

이문원은 지질학자이자 강원대학교 과학교육학부 명예교수이다. 서울대학교에서 지구과학교육을 전공하고, 일본 도호쿠 대학교에서 지질학(암석학) 박사 학위를 취득하였다. 그의 신학적 여정은 전문 신학자처럼 조직신학이나 교리적 체계를 심화하는 방향보다는, 과학자로서 자연을 탐구하는 방식과 기독교 신앙을 어떻게 유기적으로 연결하고 조화시킬 것인가에 그 초점이 맞춰져 있다. 그의 주요 활동을 통해 나타나는 신학적 특징은 다음과 같다.

- **과학과 신앙의 조화 추구**: 그는 "성경의 창조가 과학과 대립되는 것이 아니다"라고 분명히 말하고 있다. 지구 나이를 방사성 동위원소 측정법으로 40억 년 혹은 50억 년으로 보는 과학적 결과를 인정하면서도, 이것이 성경의 창조와 충돌하

지 않는 방식으로 이해될 수 있다고 본다.

- **'과학과 신학의 대화' 참여**: '과학과 신학의 대화'와 '과학과 신학 연구회'와 같은 모임에서 활동하면서, 과학적인 지식을 바탕으로 신앙적인 주제(예: 창조)에 대해 이야기하고, 과학과 신앙 사이의 건강한 대화를 이끌어 내고 있다.
- **자연 세계에 대한 과학적 이해와 신앙의 연결**: 지질학자로서 지구의 기원이나 운석 같은 과학적인 주제에 대해 글을 쓸 때, 이를 과학과 신학의 대화라는 큰 틀 안에서 다룬다. 즉, 과학적으로 탐구한 자연 세계의 모습이 신앙적인 이해와 어떻게 연결될 수 있는지를 보여주려고 한다.

요약하자면, 이문원 교수의 신학은 딱딱한 교리보다는, 자신이 평생 연구해 온 지질학적 지식을 바탕으로 창조주 하나님과 그분이 만드신 세계를 더 깊이 이해하려는 시도라고 볼 수 있다. 과학적 발견이 신앙을 위협하는 것이 아니라 오히려 신앙을 풍요롭게 할 수 있는 것으로 보며, 과학과 신앙이 함께 갈 수 있는 길을 모색한다.

## 조희형

조희형은 강원대학교 과학교육학부에서 30여 년간 재직하며, 생물교육을 포함한 과학교육 전문가로 활동해 왔다. 그의 신학적 지향점은 전문적인 신학 이론을 심화하기보다는, 과학 교육자로서 쌓아온 풍부한 경험과 지식을 바탕으로 기독교 신앙을 어떻게 이해하고 통합할 것인가에 대한 실천적 관점에 가깝다. 특히 그는 가톨릭 신자로서 가톨릭교리신학원 통신 교육 과정을 이수하고 교리교사 자격증을 취득하였는데, 이는 그가 신앙 교육과 신학적 담론에 대해 학문적으로 정교하게 고민해 왔음을 뒷받침한다. 임창세 목사, 최승언 교수와 공저한 『그리스도교에 대한 과학과 과학기술의 도전 그리고 화해』는 그의 신학적 관점이 집약된 결과물이다.

그의 신학은 과학 교육자로서의 합리적 사고체계와 기독교 신앙을 유기적으로 결합하여, 과학적 사실과 신앙의 진리가 충돌이 아닌 상호 보완적 관계에 있음을 증명하려는 노력이라 평가할 수 있다. 특히 교육 현장에서 과학과 신앙의 갈등으로 고민하는 이들에게 실질적인 통찰을 제공하고 있다. 요약하자면, 조희형 교수의 신학은 과학기술 시대에 신앙이 과학과 어떻게 대화하고 화해할 수 있는지에 초점을 맞춘 '과학자의 신앙적 탐구'라고 볼 수 있다.

## 윤세진

윤세진(尹世鎭, 1964~)은 서울대학교에서 생물교육을 전공하고 생물교육학으로 박사 학위를 취득하였다. 오랫동안 고등학교

현장에서 생물을 가르친 과학교육 전문가인 그는 현재 숙명여자대학교에서 후학을 양성하고 있다. 그의 신학은 성경이나 교리에 대한 사변적 연구에 치중하기보다는, 생물학자이자 교육자로서 과학적 사실을 토대로 신앙을 어떻게 통합적으로 이해할 것인가에 주안점을 둔다. 특히 그는 진화론이라는 주제에 깊은 관심을 두고, 이를 과학과 신학의 대화 안에서 학문적으로 풀어내는 데 기여하고 있다. 그의 활동에서 나타나는 주요 특징은 다음과 같다.

- **진화론에 대한 과학적 설명과 신앙의 연결**: '진화론 훑어보기'나 '고등학교에서 배우는 진화' 같은 주제로 글을 쓰고 강연을 하면서, 과학적으로 설명되는 생물의 진화 과정(예: 단세포 생물에서 다세포 생물로, 바다에서 육지로 등)을 신앙적인 관점과 어떻게 연결할 수 있을지에 대한 고민을 담고 있다.

- **과학적 사실에 대한 솔직한 접근**: 과학 교육자로서 과학계에서 받아들여지는 진화론을 정확하게 설명하면서, 혹시 신앙 때문에 진화론이 '불편한' 사람들에게 그것이 왜 신앙과 반드시 충돌하는 것이 아닌지, 또는 어떻게 함께 이해할 수 있는지에 대한 대화를 시도하고 있다.

- **과학과 신학 대화 참여**: '과학과 신학의 대화'와 '과학과 신학 연구회'같은 모임을 통해 과학 전문가로서 신학적인 질문에 답하고, 과학과 신앙 사이의 건강한 관계 설정을 돕는 역할을 하고 있다.

요약하자면, 윤세진 박사의 신학은 생물학, 특히 진화론에 관한 과학적 식견을 바탕으로 기독교의 창조 개념을 현대적으로 재해석한다. 이는 과학적 세계관 속에서 신앙인들이 겪는 지적 혼란과 불편함을 해소하고, 과학과 신앙이 대립을 넘어 상호 대화할 수 있음을 역설하는 실천적 신학이라 평가할 수 있다. 그는 관념적인 이론에 머물기보다 과학교육 전문가로서의 전문성을 발휘하여, 과학과 신앙을 유기적으로 통합하는 데 주력하고 있다.

이 밖에도 필자가 알지 못하는, 과학과 신학을 연구하는 신학자 및 과학자, 그리고 기독교 성도들이 많이 있을 것이다. 그럼에도 여기에 이름을 올려 보는 것은 일흔이 넘어가는 나의 기억을 위함이다. 필자가 몰라서, 그리고 기억을 못 해서 올리지 못한 분들을 계속 써 내려갈 수 있기를 하나님께 기도한다.

## 글을 마무리하면서

필자가 이 글을 준비한 이유는, 교회 내에서 과학과 관련된 특정 입장을 '유일하고 올바른 신앙'이라고 단정 짓는 태도에 대해 우려하기 때문이다. 앞서 언급한 바와 같이 과학자들의 연구 결과물은 핍진성(Verisimilitude)이 있다. 즉 진리에 가깝게 접근하고 있다는 의미이다. 이를 두고 현재의 과학이 절대적 진리가 아니라는 이유만으로, 검증되지 않은 임의의 이론을 대안으로 내세우며 그것만이 진리라고 주장하는 태도는 지양해야 한다. 모든 학문은 핍진성을 추구하며 끊임없이 정진하며, 신학 역시 그 과정 속에서 계속해서 발전해 가고 있다.

또한 실험과 관찰 등 경험적 근거를 통해 도출된 과학적 사실을 성경이나 신학의 관점으로 해석할 때, 해석자의 세계관에 따라 다양한 결론이 도출될 수 있다. 따라서 자신의 해석을 제안하고 설득할 수는 있겠으나, 그 견해를 타인이나 공동체에

강요해서는 안 된다. 더욱이 자신과 의견이 다르다는 이유로 상대방을 '신앙이 없다'고 단정 짓는 일은 없어야 한다. 서로의 이해가 일치하지 않더라도, 다름을 인정하고 존중하는 태도가 필요하다.

그러나 과학교육의 영역에서는 반드시 과학자 공동체의 동의와 합의가 전제되어야 한다. 과학적 엄밀성을 인정받지 못한 주장은 과학교육의 현장에서 수용될 수 없다. 특정한 입장이 소속 공동체 내부에서 통용될 수는 있겠으나, 그것이 공신력을 얻기 위해서는 끊임없는 연구와 노력을 통해 과학계의 혹독한 비판을 견뎌내고 스스로의 정당성을 증명해야 한다. 근거 없는 일방적 주장을 되풀이하는 것은 곤란하다.

우리는 지금 인공지능(AI)과 생태 환경의 가치가 급변하는 과학의 시대를 살고 있다. 정의와 공의의 기준마저 모호해진 이 시대에, 이를 바로 세울 수 있는 길은 기독교 안에 있다고 믿는다. 우리의 삶과 신앙생활이, 나아가 그 신앙의 터전인 가정과 교회, 그리고 사회의 일원을 길러내는 학교 공동체가 제 역할을 다해야 한다. 또한 국가의 삼권(三權)이 올바르게 작동하고 세계의 평화로운 공존이 이루어지는 것 역시 매우 중요하다. 이 모든 영역의 향방은 우리가 어떠한 신학적 토대 위에서 신앙생활을 하느냐에 달려 있다.

결국 '올바른 신학하기'가 '올바른 신앙생활'의 시작이다. 이 글이 독자들의 신앙 여정에 작은 보탬이 되기를 소망하며, 나아가 모든 이가 하나님의 은혜를 깊이 경험하고 하나님과 동행하는 영속적인 삶을 누리기를 간절히 기도한다. 아멘!